DJ鉄ぶらブックス 018

鉄道ルポルタージュ秘録
～レールの上のこぼれ話～

若桜鉄道若桜駅構内に保存されている C 12 167 の走行社会実験⇒124ページ　2015.4.11

JN181991

鉄道ルポルタージュ秘録
～レールの上のこぼれ話～

CONTENTS

序章　江ノ電という身近な存在　～わがブログのことはじめ～ …………… 4

第一章　話題の列車に乗ったこと　　　8

- 第1話　新幹線再発見　～新幹線の旅をもっと楽しむためのくふう～ ………… 10
- 第2話　やっぱりＳＬがいちばん？　保存蒸機の話
  　　　　～全国で復活がつづく蒸気機関車～ ……………………………… 14
- 第3話　津軽鉄道ストーブ列車　～温もりを楽しむ津軽の風物詩～ ………… 18
- 第4話　暑くて、楽しい松山の鉄道
  　　　　～坊っちゃん列車・四国の新幹線……通う魅力のある松山の町～ ……… 22
- 第5話　明治村と近鉄「しまかぜ」の旅　～明治の鉄道と最新の私鉄特急～ …… 26
- 第6話　「トワイライトエクスプレス」24時間の旅
  　　　　～不眠不休のテレビクルーに同行した寝台列車～ ……………… 30
- 第7話　惜別！　寝台特急「カシオペア」　～再びテレビクルーと寝台特急に乗車～ …… 34
- 第8話　消えた夜行列車　～廃止間近の急行「はまなす」の記録～ ………… 38

第二章　地方を旅したこと　　　42

- 第9話　三陸の鉄道を訪ねる　～大震災で変わったもの、変わらないもの～ ……… 44
- 第10話　余部橋梁の変貌　～トラス橋の時代・コンクリート橋の時代～ …… 48
- 第11話　人の波溢れる秘境駅　～自動車の列が板谷峠をめざす～ ………… 52
- 第12話　大町から立山へ　～中部山岳地帯を横断する～ ……………… 56
- 第13話　佐原から銚子へ　～都会にも近い地方都市の魅力～ ………… 60
- 第14話　松本から小布施へ　～各駅停車で旅に出てみる～ ………… 64
- 第15話　「山線」の変わらない魅力　～約40年ぶりに訪れた肥薩線～ …… 68
- 第16話　北陸新幹線と第三セクター鉄道　～新幹線開業で変貌する並行在来線～ …… 72

第三章　鉄道の現場を訪ねたこと ──────── 76

- 第17話　九州鉄道記念館訪問　〜心から鉄道を愛する副館長の日課〜 ………………… 78
- 第18話　運転士はいつも遅刻の夢を見る　〜乗務員に聞いた現場の苦労〜 …………… 82
- 第19話　船乗りも鉄道員　〜八甲田丸が留める青函連絡船の面影〜 ……………………… 86
- 第20話　幸福駅のいま　〜線路のない鉄道名所〜 ………………………………………… 90
- 第21話　カレー。この奥深き一品　〜カレーライスの食べ歩きを始めたら〜 ………… 94
- 第22話　美味しい駅弁の作り手を訪ねる　〜鉄道旅の伴侶の舞台裏〜 ………………… 98
- 第23話　雪に埋もれていた土合駅駅舎
  〜取材旅行も楽じゃないというハナシ〜 ………………………………………… 102
- 第24話　人間がカメラに煽られる時代　〜最新デジタルカメラで狙う鉄道写真〜 …… 106

第四章　地域の活力をもらったこと ──────── 110

- 第25話　大井川鐵道に通う　〜生き残りを探るローカル私鉄〜 ………………………… 112
- 第26話　天竜浜名湖鉄道で「国鉄」の旅を
  〜積極的に鉄道遺産を保存する第三セクター鉄道〜 …………………………… 116
- 第27話　小さな駅の売店が鉄道を変える　〜新しい魅力を創出する由利高原鉄道〜 … 120
- 第28話　若桜鉄道は花盛り　〜若桜鉄道に見る活性化策〜 ……………………………… 124
- 第29話　トレンドになったレストラン列車
  〜いすみ鉄道イタリアン列車奮闘の舞台裏〜 …………………………………… 128
- 第30話　「一円電車」の復活に賭ける人たち
  〜明延の明神電車で始められた町おこしのこと〜 ……………………………… 132
- 第31話　甦れ！　蒸気機関車
  〜琵琶湖のほとりで静態保存機の復活をめざす人たち〜 ……………………… 136

さくいん地図 ………………………………………………………………………………… 140

あとがき ……………………………………………………………………………………… 142

江ノ電という身近な存在
~わがブログのことはじめ~

■はじまりは能動的ではなかった

　インターネット上に自分のブログを開設したのは2008（平成20）年夏のことだった。もう技術的に面倒なことはなく、素人でも簡単に開設できる時代になっていたから、遅いといえばとても遅い。

　動機は「自分のメッセージを誰かに伝えたい」であるとか、「何かを書かずにはいられない」というような、能動的な、立派なものではなく、単に友人から勧められたからであった。その友人は販売を仕事にしているのだが、「これからの時代は、ライターたるものブログのひとつも書いていなければならない」という持論によって、勝手に私のアカウントを用意してしまったのである。私自身がその時に感じたのは「そうかなー？」というだけのもので、半ば渋々、毎日なにかを書き始める（時折、これが滞るわけであるが）ことになるが、この時の判断は、友人のほうがまったく正しかったのだと、いまは思う。

　もちろん、ネット媒体についてまるで知らなかったわけではなく、パソコン通信（インターネットの前身のようなメディアで、ほとんどの情報交換は文字によってのみ行なわれた）は1987（昭和62）年から参加していたし、そこでボードオペ（board operator＝初期の電子掲示板の管理・運営者）なる仕事も手伝った。それはとてつもない勢いで新しい情報を得ることができる楽しい仕事であったが、ひとたびトラブルが起こると、深く心を傷つけられることもあって、仕事ではあまり深くは関わりたくないと考えていたのである。

　しかし、時代はそんな呑気を許してくれな

極楽寺駅でのスナップショットはにっこり微笑んでもらった1カット。小さな駅は、耳をふさぎたくなるほどの蝉時雨（せみしぐれ）に包まれていた　2008.8.27

かった。インターネットをベースにして、ユーザーが気楽に身近な情報を交換できるブログ、ツイッター、フェイスブック、インスタグラム、あるいはラインと呼ばれる手段が次々に誕生し、大きな支持を得るようになったのは周知のとおりである。私のブログには『旅日記』とつけられた。これも友人が決めてしまったものだった。

■ とりあえず出かけてみたのが江ノ電だった

「それではブログの記事を作るために、どこかに行きましょう」と、その友人が言った。その友人も、かくいう私も、ブログをどのようなかたちで進めればよいのかなど、じつはほとんど解っていなかったのである。とりあえず、鉄道をテーマとするのは当然のこととして、どうすれば注目される記事が作れるの

湘南海岸をゆく江ノ島電鉄1000形。いつも気軽に撮影ができるのが嬉しい路線だ　2013.6.16

モデル料はオムライス1つ。とてもリーズナブルな江ノ電撮影行でした

かは解らない。じつはこれ、なんでも自由に書けば良いわけだが、当時はそれも解らず、近場である江ノ島電鉄に行って、写真の撮影教室のような記事を作ろうということになった。モデルもいたほうが良いので、これは撮影終了後にオムライスをご馳走するという条件で、友人の娘さんに同行してもらうことができた。

　江ノ電に撮影に出かけるのは、それが何度めかのことであったか。長く横浜に住んできた者にとって江ノ島電鉄は、「困ったら江ノ電」とでもいうべき存在だった。出かければ、必ずなにがしかの被写体に出会えるのが、鎌倉であり、江ノ島電鉄沿線なのだ。鎌倉で横須賀線を下車し、小町通りを覗いてから江ノ電に乗車。安いギャランティでモデルさんをリクエストできたのを良いことに、鎌倉高校前で海をバックに写真を撮り、極楽寺で木造駅舎をバックに写真を撮りまくった。300形というオールドタイマーが未だ健在だったのも嬉しかった。だからこその「困ったら江ノ電」なのである。

腰越の併用軌道や、峰ヶ原信号場も、どれも何度も来た場所ではあるけれど、来るたびに飽きることがないのが不思議だった。

　こうしてＳＮＳ（social networking service ＝インターネットのWeb上で構築できる社会的ネットワークのサービス）との付き合いが始まった。そのなによりの効用は、記事を作るためには、何かをしなければならないとい

鎌倉高校前1号踏切での1カット。自動車が多いポイントだが、12分間隔運転の江ノ島電鉄。じっくりとチャンスを待った　2011.9.6

う動機付けが行なわれることであるように感じた。

　気分転換に出かけた旅行、取材旅行の報告などを随時SNSで流すことができるようになり、これにはもちろん、雑誌に載せる情報を先にネットに上げるようなことは絶対に慎まなければならないが、常に何かを語ることを考えながら、さまざまな出来事と接するこ

とができるようになったのである。

　ちょうどこの頃から、JRグループ旅客6社が提供する「ジパング倶楽部」の会員誌『ジパング倶楽部』での連載がはじまり、全国を旅するようになった。仕事というものは得てして忙しくなる時は急に忙しくなり、暇になる時は急に暇になる。「盆と正月」は、いつも一緒に行動しているものらしかった。

7

話題の列車に乗ったこと

第一章

第1話	新幹線再発見	10
第2話	やっぱりSLがいちばん？ 保存蒸機の話	14
第3話	津軽鉄道ストーブ列車	18
第4話	暑くて、楽しい松山の鉄道	22
第5話	明治村と近鉄「しまかぜ」の旅	26
第6話	「トワイライトエクスプレス」24時間の旅	30
第7話	惜別！ 寝台特急「カシオペア」	34
第8話	消えた夜行列車	38

第1話

新幹線再発見

～新幹線の旅をもっと楽しむためのくふう～

現在も活躍が続く700系「ひかりレールスター」 2013.5.24 山陽新幹線厚狭～新下関 写真：交通新聞社

「ひかりレールスター」側面のロゴマーク。グレーをベースにしたカラーリングにもJR西日本の個性が光る 2006.6.15

●鉄道の夢を語り出すとキリがないけれど

　新幹線と飛行機とどちらが速いか計算してみたことがある。もちろん、飛行機のほうが速いに決まっている。けれども私が計算したのは、最高速度ではなく、博多から自宅までの所要時間についてである。それでもやはり飛行機のほうが速い。ただ、"新幹線贔屓"で計算をしてみると、自宅が新横浜に近いためでもあるのだが、新幹線に乗っても飛行機より1時間くらいしか遅くならないという答

「ひかりレールスター」どうしの邂逅（かいこう）。山陽新幹線内のみで見られる光景だ　2005.4.26　山陽新幹線岡山（番線改良前）

E4系Max。着席機会の増加を図るとともに分割併合を考慮して開発された異色のオール2階建て新幹線電車　2016.1.17　上越新幹線大宮
写真：交通新聞社

えが出た。空港には早めに行かねばならず、着陸後もバゲージクレームから荷物が出てくるまで相応の時間がかかることなどを考慮すると、飛行機に対しては少し採点が厳しい。どちらにせよ、車内では本を読んでいるのに決まっているのだから、到着が1時間遅くても2時間遅くても同じことで、それなら乗換えが少ないほうが良い。博多から新幹線で帰ったと報告すると、珍獣を見る目で見られることがあるが、私はそれほど珍しい存在なのだろうか。

　開業時はブルートレインを滅ぼす敵役（かたき）、鉄道とは別種の乗り物と捉えられることの多かった新幹線だが、東海道新幹線が開業して50年超。さすがにそのような見方はできなくなってきた。計画当初には新幹線の線路上に夜行列車や貨物電車を運転する構想があることも伝えられたが、結局はビジネスライクな列車の運転に終始している。夜行列車の運転は実現の可能性が高かったが、保線の時間や安

世界最速の芸術鑑賞を謳って登場したE3系1000番代「現美新幹線」。上越新幹線越後湯沢〜新潟間で土曜・休日運転の「とき」3往復に使用される　2016.1.12　大宮（報道公開）　写真：交通新聞社

全を確保するための信号システムを完成させることができなかったという話も耳にしたことがある。これは本当に残念なことで、到着まで少しくらい時間がかかっても構わないのだ。昼夜兼行型の新幹線電車を造り、東京から鹿児島中央まで運転したら楽しいはずである。列車名には「あさかぜ」が出番を待っていたはずだ。

昭和30年代の国鉄技術陣は、一般的な国民の生活水準の上を行くことを念頭に、151系（モハ20系）電車や20系客車を開発したといわれている。この図式を現代に当てはめたなら、どのような車両が生まれるのだろう。誰もがいつでも自由に利用できる豪華列車は必要だ。それが鉄道への愛着と信頼に結びつくのだから。

●やがて新幹線は札幌へと延びる

当てのない夢物語はおいておくとして、現代の新幹線を楽しむ方法を考えてみよう。安く利用したいのであれば、回数券の利用や、宿泊券などをセットにした「ツアーきっぷ」の利用、「こだま」利用に限定した『ぷらっとこだま』などの旅行商品があり、このあたりは定番。「こだま」利用であれば、途中駅で「のぞみ」「ひかり」待避の時間に駅弁を買う楽しみもある。荷物の多い旅であるなら、たとえばN700系の13号車18番A〜E席のどれかを指定すると、腰掛けの背ずりと壁の間の空間を荷物置き場として利用できるが、号車によって座席の数は異なるから、計画には綿密さが要求される。

1駅間だけ新幹線を利用する方法も、時に

最晩年の０系は山陽新幹線内でのみ活躍していた。その姿が営業線上から消えたのは2008（平成20）年12月のことだった　2008.5　山陽新幹線小倉

は驚くべき効力を発揮する。まだ山陽新幹線が岡山までしか開通していない時代、143M大垣行き夜行で東京を出発しても、途中で新幹線を１駅間だけ利用することで、岡山発博多行き475系205M下り急行「玄海２号」の発車に間に合い、その日の夕方に門司に到着できることを友人が発見した。あれはどうやって見つけたのだろう。かくいう私は、都心での打ち合わせに遅刻しそうになった時には、京浜東北線ではなく新横浜から新幹線で東京に向かう。遅刻どころかトップ到着を果たすことができる。何の打ち合わせでその方法を使ったのかは、ここには書けない。

「現美新幹線」など、企画性の強い列車もいちどは乗っておきたい。一般的な鉄道車両の概念からは遊離したアートな空間での旅には、多くの発見があるはずだ。車両の揺れが少なく、車体が大きいことも新幹線の大きな特徴で、100系に４人用グリーン個室があった時代には友人と共同で利用し、気兼ねない旅を楽しんだこともあった。今、その方法を使えるものがあるとすれば「ひかりレールスター」の４人用普通個室でということになる。積極的に利用してみてはどうだろう。

北海道新幹線が開業する前年に、函館で新幹線の建設に従事している方にお話を伺ったことがある。「函館までこれだけ早く到着できるのであれば、札幌までは何としても開通させないと」という言葉には信念が感じられた。その取材が終わった直後には、北海道新幹線の札幌延伸が正式に決定したというニュースを聞くことができた。

第2話

やっぱりSLがいちばん?
保存蒸機の話

〜全国で復活がつづく蒸気機関車〜

小さな客車を従え周回する「丸瀬布森林公園いこいの森」の雨宮21号機。これを目当てに人々はここを訪れる　2012.7

「小樽市総合博物館」で動態保存されている「アイアンホース号」。アメリカで保存されていたポーター製機関車を受け継いだものだ　2014.10.4

●鉄道好きになった原点に蒸気機関車があった

　そもそも私がこれだけ鉄道を好きになったのは、蒸気機関車の存在があったからこそだと思う。「子どもの頃から電車が好きで、踏切に連れて行けば機嫌が直った」と、母は私のことを笑うけれど、実際に鉄道を趣味の対象として意識するようになってからは、なかでもいちばんの興味の対象は、やはり蒸気機関車だった。夏休みの家族旅行の折にも、自分だけは単独行動の時間を認めてもらい、ご

「丸瀬布森林公園いこいの森」の森のなかを走る雨宮21号機。小さな軽便機関車だが、迫力はじゅうぶんだ
2012.7.21

JR山口線名物の「SLやまぐち号」。動態保存運転の草分け的存在だ
2010.4.17　山口線新山口

　く短い時間だけ対面することができた蒸気機関車。あの出会いがあったからこそ自分の今があるのだと、その気持ちは揺るがない。それをことさらに人に話すことなどはしなかったけれど。

　1979（昭和54）年に、国鉄が蒸気機関車の運転を再開するという話を聞いた時は、耳を疑った。あのお固い国鉄がそんな粋（いき）なことをするのだろうか、というのが正直な気持ちだった。1976（昭和51）年の春に国鉄の線路上から蒸気機関車が姿を消した頃から、私たちの耳には、蒸気機関車を撮ろうとした子どもが崖から転落したとか、復活運転で犠牲者が出たとか、暗い話題ばかりを聞かされていたからである。マニアという言葉も使うのが嫌いになっていた。どこかに蔑視（べっし）の響きがあ

るような気がしたからだった。

　ともあれ、無煙化達成間もない1979年8月1日に山口線での蒸気機関車の復活運転は成功を収め、それよりひと足早く復活運転を始めていた大井川鐵道（当時は大井川鉄道）でも、蒸気機関車の運転がコンスタントに続けられていた。私が初めて目にした動態保存運転がどこのものであったかは記憶が定かでないのだけれど、やっぱり蒸気機関車は良いものだ、と感じたはずである。郷愁を帯びた汽笛が良いし、ロッドの動きも見ていて飽きない。機関士の忙しそうな動きには強く心を惹（ひ）かれるし、機関車が接近してくると、シュッシュッというブラスト音以外にも、いろいろな音が聞こえてくる。そのすべてが、電車や電気機関車にはないもので、ただ1枚の撮影

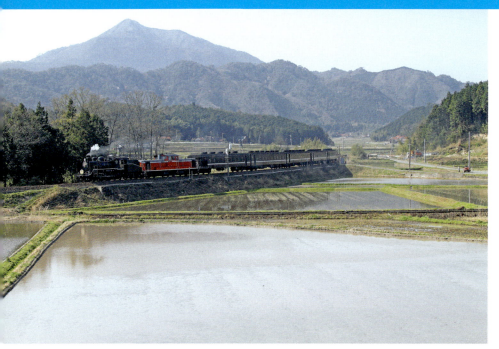

山口線徳佐付近ををゆく「SLやまぐち号」。この日はC56形がDD51形ディーゼル機関車を従えての運転。ふだんとは一風異なる雰囲気だ　2010.4.17

❶「京都鉄道博物館」に静態保存されているC62形26号機と80系電車（1次車）。東海道・山陽本線の花形機の偉容は健在だ　❷同じく「京都鉄道博物館」で動態保存されている8620形8630号機。機関車の状態は良好で、保存運転の主力となっている　2016.7.23（2点とも）

のために1日を費やすことを当然のことと考えていたあの日が、無駄なものではなかったと確信している。

● 蒸気機関車に出会える現代の鉄道

　当時、副社長だった大井川鉄道の白井昭さんが、「SLの運転といっても簡単なものではありません。その鉄道のすべての従事者があらゆるバックアップを行なうことで、初めて運転が可能になるのが蒸気機関車なのです」という旨の言葉を話していたのを聞いたことがある。

　「こんな小さな機関車ですが、蒸気機関車は日によって調子が違うものなのです。調子が良いのか悪いのかは、運転を始めてみるまで解らない」と教えてくれたのは、北海道紋別郡遠軽町の丸瀬布森林公園いこいの森で雨宮

「ＳＬばんえつ物語」号の発車を見守る観光客。昔は乗客を悩ませたはずの煤煙も、今ではパフォーマンスのように楽しまれている　2009.10.17　磐越西線津川

21号機(雨宮製作所は明治〜昭和初期の車両メーカー)を動かしていた職員の方だった。のちに、大井川鐵道で検修を担当されている方が「それは恐らく、蒸気機関車という乗り物が、熱による膨張と収縮を繰り返しているためでしょう」と解説してくれた。「人間にもっとも近い機械」という蒸気機関車への形容は使い古されてしまった感があるが、確かに的を射た言葉だと思う。

今年もまた各地で蒸気機関車の保存運転が行われ、気がつけば私自身も幾度となく、その場に出向いてきた。上越線、大井川鐵道、肥薩線、群馬県利根郡川場村……。そのどれもが多くの利用者に鉄道の素晴らしさを再認識させていることも間違いない。生まれた時にはすでに九州新幹線も開通していたと思われる小さな子どもが、蒸気機関車や、あるいはターンテーブルの動きに目を輝かせているのを見るのは良いものだ。「鉄道っていいだろう？　蒸気機関車っていいだろう？」と話しかけてみたくなる。が、その仕事はお父さんに任せておこう。

蒸気機関車が牽(ひ)く列車のなかで、オリジナルスイーツが楽しめるような新しい趣向も旅立ちを誘ってくれる。もっとも往年の食堂車のコックさん達は「チキンライスって、こんなに黒かったかな？」と、蒸気機関車牽引の食堂車の厨房で話合っていたというから、煙の侵入には注意しておきたい。2017(平成29)年には、東武鉄道でも蒸気機関車の復活運転が予定されている。蒸気機関車に会える場所がまた増えることになる。

第3話

津軽鉄道ストーブ列車

～温もりを楽しむ津軽の風物詩～

冬季に1日3往復運転されている津軽鉄道のストーブ列車。津軽の冬の風物詩として、全国的に存在が知れ渡るようになった　2012.12.16　川倉～大沢内

● 寒風吹き荒ぶなかで待ちつづけたストーブ列車

　津軽地方を初めて旅した時には驚かされた。この地方の風の強さに、である。それは1980年代初めの話で、社会人になって初めての年末の休みを、北東北で過ごしたのだった。その頃、南部縦貫鉄道にはキハ104やレールバスキハ101がいて、十和田観光電鉄にはモハ3800形、クハ3800形など東急からの譲渡車がいた。国鉄黒石線はキハ22形などの気動車が往復していた。どの路線も、今はない。

　そのようななかで、いちばん心を惹かれたのが国鉄五能線と津軽鉄道だった。お目当てははっきりしていて、五能線を走るオハ61系客車と、津軽鉄道のストーブ列車である。ストーブ列車は、当時は1日1往復半のみの運転で、「撮るか、乗るか？」という昔ながらの選択枝に迷った末に、「撮る」ことにした。といっても定番撮影地など知らないし、今日

1 ストーブ列車の客車内。2台設置されたダルマストーブと、昔ながらの佇まいが、遠来の観光客を楽しませる 2012.12.16 **2** ストーブ列車には気動車（津軽鉄道21形）が連結され、そちらは特別料金不要。地元住民に利用されている 2012.12.16 芦野公園～川倉 **3** ストーブ列車の車内では左党向けにアタリメが焼かれることもある 2012.12.15

のようにすぐにインターネットで調べられるわけでもない。津軽鉄道の撮影地を網羅した書籍などもなかった。だから行き当たりばったりの旅である。昔の旅は、それだけ不確定要素を含んだおもしろおかしいものだった。

現地では、ポスターなどを参考にして、どうやら金木駅の近くに、腕木式信号機を入れて狙える列車の撮影地がありそうなことが解り、駅からの雪道を歩いた。撮影地にはすぐに到着したが、着いてから列車がやって来るまでに長い時間をそこで過ごさなければならなかった。

風が強かった……。津軽地方の冬は雪がさほど多いわけではなく、どうにか地面を隠す程度なのだが、気温は低く、そして風が強い。かたときも休むことなく吹き続ける風が、少しずつ自分の体温を奪ってゆくような気がした。そのうちに、駅のほうから線路際を歩いてくる人があり、それはどうやら同好の士であるようだった。列車を待つ間に短い会話を交わして、撮影を終えたあとに、名刺を交換して別れた。その時にどのような別れ方をしたのか、いまはもうまるで覚えていない。その後、お互いのオフィスが近かったこともあって、1度だけ会ったけれども、一緒にどこかへ行くようなこともなく、お互いにすっかり忘れ去ったような関係になっていた。鉄道旅行ではよくある話なのだと思う。

津軽中里にある「中泊町博物館」に展示されている津軽森林鉄道の機関車と運材台車の模型

1「中泊町博物館」には、ストーブ列車の実物大模型も設置され、一時代前の津軽鉄道の姿を知ることができる
2こちらは現役のダルマストーブ。ストーブ前の座席はこの列車の特等席だ　2012.12.15（3点とも）

● 長い時を経たあとに届いたeメール

　その後、冬の津軽鉄道に取材で出かけたのは、2012（平成24）年12月のことだった。津軽の寒さ、風の強さは何も変わっていなかったが、ストーブ列車の運転本数が1日3往復に増やされていた。地元の乗客のためにひっそりと運転されていたはずのストーブ列車が、すっかりその存在が全国的に知れ渡り、多くの観光客がやって来るようになっていたのである。列車には女性アテンダントも乗務し、三沢の在日米軍基地から休日を過ごしに来たというアメリカ人には、英語でガイドをしていた。その語彙は豊かなものではなかったけれど、ハートがあれば、言葉は通じるものである。ストーブ列車には、ここに来た人どうしを近づけてくれる、そんな力があるように感じた。終点の津軽中里駅の近くには「中泊町博物館」があって、規模は小さいけれども

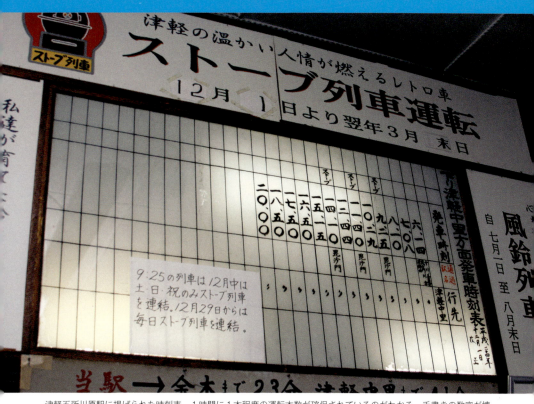

津軽五所川原駅に掲げられた時刻表。1時間に1本程度の運転本数が確保されているのがわかる。手書きの数字が懐かしい　2012.12.15

　津軽地方の資料を展示している。そのなかには一時代前のストーブ客車の原寸大模型や、かつてこの地で働いたロッド式ディーゼル機関車DC20形の動画もあって、改めて驚かされたのを覚えている。帰り道で聞いた話では、新任の学芸員さんが頑張って、地域に新しい動きが生まれ始めているとのことだった。

　その後しばらく経って、懐かしい人からeメールが来た。金木駅近くの雪中で会ったカメラマン氏である。なんでもオフィスが移転することになり、名刺の整理をしていたら、私のものが出てきたのだという。すぐにインターネットの検索エンジンに名前を入れて私の名前を見つけ出し、ブログ経由でメールが届いたのだった。もう30年近くが経っていた。

あの時は新入社員だったどうしが、いまは人生の第3コーナーか、第4コーナーに差し掛かっている。私は会社を辞めて独立し、彼は組織の管理職になっていた。ただし、鉄道が好きであることには変わりないようだった。そしてSNS（ソーシャル・ネットワーキング・サービス）を通じて情報交換を続けている。あの時の津軽の寒さがあったからこそ、こうして付き合い続けられたのかもしれない。彼のSNSに津軽鉄道の記事がアップされることはないけれど、家の近くでの撮影行や、彼の日課であるジョギングの記録、庭先に咲く花の記録などが、毎日のように届けられている。

第4話

暑くて、楽しい松山の鉄道

～坊っちゃん列車・四国の新幹線……
　　通う魅力のある松山の町～

現代の「坊っちゃん列車」。入換えは人力での作業だ　2014.7.20（2点とも）　松山市駅

松山市の子規堂前に保存されている伊予鉄道の旧型客車

●夏の小道に漱石を思う

　鉄道であるとか、旅行をライフワークにしていると、それまでは無縁であった場所に、急に何度も通うようになることがある。それはもちろん、複数の仕事の依頼を受けてのことで、それぞれの仕事の間にはまったく関わりがなく偶然の旅路であるわけなのだが、"2週間で3回来ることになるのなら、ウィークリーで部屋でも借りたほうが良くはないだろ

JR四国の「鉄道ホビートレイン」。キハ32形を改造して生まれた遊び心満載の車両だ
2014.5.23 予土線近永

「鉄道ホビートレイン」の車内には0系から転用した転換式シートも設置されている
2014.2.28 多度津工場 写真：交通新聞社

うか？"などと考えることになる。もちろん、その考えを実行に移したことなどはない。そういえば、ライターの玉村豊男さんのエッセイに、「赤坂に極秘裏に部屋を1つ借りて、最低限の家具しか置かない生活を始めた」という旨のくだりがあった。これこそが私にとっての究極の夢の生活かもしれない。

　2012（平成24）年夏の松山が、"部屋を借りてみたくなる町"となった。この時は、鉄道の趣味誌と旅行誌、それに鉄道模型のムックのための取材だったから、互いに関わりはまったくない。ちょうど夏の真っ盛りの時期で、朝、ビジネスホテルを出て、取材先まで歩き始めた時点ですでにじゅうぶんに暑い。東日本にはいないクマゼミが鳴き盛り、やかましいほどである（関東南部には多数分布している）。伊予鉄道の"坊っちゃん列車"の乗務員は、夏になると1日にペットボトル1本を空にすることもあると伺ったことがあるけれど、この暑さなら頷ける。

　松山に赴任していた頃の夏目漱石は、毎日片道におよそ1時間をかけて、下宿から道後温泉に通ったという文章を読んだことがあるけれど、その道とは、いま自分が歩いている

「日本一海に近い駅」、JR予讃線の下灘駅に停車中の"伊予灘ものがたり"。開放的な車窓が楽しめるのも、この列車の魅力だ

1「伊予灘ものがたり」の車内。明るく、楽しい雰囲気にまとめられている 2014.7.24 **2**「伊予灘ものがたり」で提供される料理。地元の老舗が手がけたメニューは、季節ごとの素材の味を楽しめる確かなものだ 2014.7.24（3点とも）

あたりなのだろうか？ けれども、これだけ暑いと、下宿に帰ったあとに、また風呂に入りたくなるのではないだろうか、などとたわいないことが思い浮かぶ。これも暑さのせいなのかもしれない。漱石が松山に赴任していたのは、たった1年間だけのことであった。そのわずか1年間の記憶が、『坊っちゃん』を生み、漱石の名を不動のものとした。松山という町の魅力があったからこそ、たった1年の経験が、不朽の名作を生んだのだろう。

●松山に集う色とりどりの列車たち

この時に、松山で取材の対象になったものはじつに多かった。運転開始からは少し時間が経っていたものの"坊っちゃん列車"が2回あり、0系新幹線をコミカルなスタイルで模したJR四国のキハ32形"鉄道ホビートレイン"があり、キロ47形1400番代"伊予灘ものがたり"があった。そして松山在住の鉄道

「坊っちゃん列車」の客車内。往年の姿が再現されていて木の質感を生かした内装が楽しい　2014.7.20

模型ユーザーの訪問があったのである。

　訪れたどれもが活き活きとしていた。"鉄道ホビートレイン"は、「新幹線はそんなに遅く走らない」という冗談めいたクレームもあったという噂を耳にしたけれど、速いばかりが列車の魅力ではないのだから、遅い０系があっても良いのである。０系がトロッコを牽いたって良い。手持ちの鉄道模型を手当たり次第に繋げて運転しているような楽しさがある。人力で"坊っちゃん列車"を押し、車両の向きを変えていた車掌さんは確かに暑そうだったけれど、「この列車に乗ることを目的に松山に来た人は、すぐに見分けることができます。なぜなら、目の輝きが違うんです」と教えてくれた車掌さんの表情は、とても明るいものだった。"伊予灘ものがたり"の料理を担当することになったコックさんは、これからの時代は色々なことに挑戦していかなければならない。それはやり甲斐のある仕事だと、狭い列車のなかで料理を作ることの難しさには触れずに、やはり笑顔で話してくれた。"鉄道ホビートレイン"の取材の日の夕方には、バーベキューパーティーがあり、地元自治体の室長さんが同席してくれた。「どうしても鉄道がなくなってしまうのなら、定時運転が確保できるＢＲＴ（bus rapid transit）が"最大公約数"になるのかもしれません。けれども鉄道には、バスにはない魅力がたくさんあります」と、現代の地方が抱える悩みと、自身の思いを語ってくれた。多くの人が、いまも鉄道を愛し続けている。

第5話

明治村と近鉄「しまかぜ」の旅

～明治の鉄道と最新の私鉄特急～

近鉄の新しい観光特急「しまかぜ」。列車の旅の楽しさを見事に演出し、指定券の入手に苦労する人気が続いている
2015.12.27　志摩線鳥羽～中之郷

「博物館明治村」を走る蒸気機関車12号機。1874（明治7）年に輸入され、新橋～横浜間を走った経歴を持つ古参蒸機だ

●偶然取れた休みに志摩へ

　気が向いた時にふらりと出かける旅ほど楽しいものはない。実際には、仕事の調整や、宿の手配、指定券の確保などの作業もつきまとって、とくに近年の人気観光地は予約なしで回るのが難しくなっているから、ふらりと出かけるにもなにがしかの準備が必要だが、短い旅であれば、なるべく自分を縛るものを少なくして、列車に乗り込みたい。

　昨年（2015〈平成27〉年）の12月に、偶然

蒸気機関車は「博物館明治村」内の移動手段としても利用できる立派な現役だ

「博物館明治村」を走る「京都市電」。稼働状態にある奇跡的な乗り物となっている 2015.12.26（3点とも）

2日間の休みが生まれた。どこに行くかさんざん迷った（これが楽しい）末に、志摩に出かけてみることにした。話題の近鉄50000系「しまかぜ」にまだ乗っていなかったことがいちばんの理由だが、それなら、何年か前に1度出かけ、けれどもその時は、駆け足でしか見ることができなかった愛知県犬山市の「博物館明治村」を抱き合わせで旅程に入れることにした。自宅が最寄りの新横浜から東海道新幹線「のぞみ」に乗れば、名古屋は隣駅になる。もちろん、運賃・料金はかかるけれども、気軽に効率よく出かけることができる。その昔、多くのレイルファンが繰り出した飯田線や小海線、関西本線の加太越え、信越本線の碓氷峠は、都市圏から程良く離れていて、旅をしてるという距離感があったことも、人気の秘密だったのではないかと思う。新幹線の利用で、その適度な距離感を味わえる範囲が広がったこと、これは間違いなく新幹線の効用だ。日本の鉄道が時間に正確であることは、いくら賞賛されても良い。たとえば帰り道であれば、車窓に浜名湖が見えると、そこから新横浜まではぴったり1時間。その時点で、ほとんど帰宅したような気持ちになれる。自動車利用では味わえない鉄道旅行の素晴らしさだ。

ところで、この旅では「しまかぜ」の指定券がなかなか取れず、結局は賢島から近鉄名

鳥羽駅で発車を待つ特急「しまかぜ」。大胆なデザインが近鉄特急のイメージを一新させた

❶「しまかぜ」のプレミアムシート。大型シートが３列ゆったりと配置されている　❷「しまかぜ」のカフェ車両は、窓に向けてカウンター席を配置。上質なインテリアデザインが特急車にふさわしい　2015.12.27（3点とも）

古屋まで上り列車に乗車することにした。このルートの人気の高さ、そして人気が衰えないことに驚かされる。鉄道だって捨てたものではないのだ。２日めの午後に志摩にいなければならないから、宿も賢島駅の近くに取ることにして、これはビジネスホテルではなく、昔ながらの旅館を予約。このような予約もインターネットですぐにできるのが嬉しい。だから自分も、きちんとＳＮＳに向かいあっていなければいけないと思う。情報の洪水の時代は、その洪水のなかでもがいていないと、すぐに流されて忘れ去られてしまう時代でもあるのだ。

●「しまかぜ」で提供される最高のサービス

　１日めに訪れた「博物館明治村」でも数々の発見に出合えた。蒸気機関車、木造客車が

「しまかぜ」で楽しめる「海の幸ピラフ」。ゆっくりとカフェ車両で食事を楽しんでいるうちに、列車は目的地に着いてしまう　2015.12.27

現役で運転され続けているのも素晴らしい。列車の折返し時間に機関士さんに伺った話では、数年前に列車を運休にして機関車を大阪にあるメーカーまで運んで点検し、運転が続けられることを確認したけれど、やはり部品の確保に苦労が多くなったという。ボイラーの煙管詰まりという、外からは見えない場所が不調になることもあり、保守には気を使うのだそうだ。以前大井川鐵道で聞いたくふうの話をお伝えしようかと考えたところで、列車の発車時間となった。

そして近鉄志摩線へ。「国際観光地」志摩の賑わいを見るのは楽しかったが、学生時代までを関西で過ごした友人にいわせると、修学旅行で訪れた頃の志摩の賑わいは、今とは比べものにならないほど華やかなものであったという。やはり時代の波が容赦なく襲っているということなのだろうか。

午前中を走行写真の撮影で過ごし、賢島駅に戻って「しまかぜ」に乗車する。ゆったりと造られたシート、上品な照明が素晴らしい。紛れもなく時代の先端をゆく車両だと思う。宇治山田駅を発車したところで、3号車2階のカフェへ。「海の幸ピラフ」1340円也を楽しんでいるうちに、列車は近鉄四日市を通過。せっかく取れた指定席で過ごす時間がほんの僅かになってしまった。けれども、こんな贅沢な時間の提供が豪華列車を動かすことの意義、一流を掲げる鉄道会社の気概なのだと思う。最高のサービスを提供する列車だけが、時代を語ることができるのだ。

第6話

「トワイライトエクスプレス」24時間の旅

～不眠不休のテレビクルーに同行した寝台列車～

在りし日の「トワイライトエクスプレス」。関西と札幌を1昼夜かけて走る贅沢な列車だった　2008.11.14　北陸本線新疋田～敦賀　写真：持田昭俊

● テレビ番組の取材のために寝台特急に乗車

　いまはなき「トワイライトエクスプレス」に乗車したのはこのときが2度め。どちらも下り列車への乗車で、2度めの乗車日は忘れもしない、サッカーワールドカップ南アフリカ大会決勝トーナメント1回戦で、無情にも駒野選手がPK戦でシュートを外した翌日である。それは、デジタル写真のデータを見れば日付はすぐに解る。2010（平成22）年6月30日（日本時間）のことだ。

　この日はフジテレビのＣＳ放送番組『みんなの鉄道』の取材クルーの1人としての乗車で、けれども、まさか私がテレビ番組でオンエアされる映像の撮影をするわけはない。私が担当するのは番組宣伝などに使用されるスチール写真の撮影と、乗務員へのバックアッ

❶ 1号車の「スイートルーム」。取材時でも寝台券が入手できなかった憧れの部屋 ❷ フリースペースのラウンジ「サロンデュノール」 ❸ 2号車の「スイートルーム」。大きな窓からはゆったりとした眺望を楽しめた　2010.6（3点とも）

プ的なインタビュー、それに乗車下車の際の機材運搬、つまり荷物持ちというわけである。それでも、テレビの撮影が大変な緊張感をもって進められることは知っていたから、私が足を引っ張るようなことがあってはならないと心しての参加である。

　8001レが12時00分定刻に大阪を発車すると、すぐに撮影が始まる。ディレクターのKさんが調べたところでは、列車が京都に到着するまでの間に上り8002レ「トワイライトエクスプレス」とのすれ違いがある。アナウンサーを務めるフジテレビの堺アナウンサー（現在はフリー）が、アナウンスをしている最中に、車窓を上り列車が通過するという趣向である。けれども列車が遅延しているのか、これと思われる場所でアナウンスを始めても、肝心の上り列車がやって来ない。「あれー？」などと言いつつも、結局は3度の撮り直しをして、どうやら思いどおりの絵が撮れた。何度ものやり直しを表情ひとつ変えずに繰り返すことができる堺さんも、本当のプロだと感じさせられる。その堺さんは熱心なレイルファンとして知られている人だ。撮影の間に車窓を眺め「このあたりの眺めはいいですよね」という短い言葉にも、温かみと、鉄道への愛情が感じられ、一緒に旅をしていることがなんだか嬉しくなってくる。

●深夜になっても眠らない撮影クルーたち

　下り8001レ「トワイライトエクスプレス」は、日本海に沿って走る長い道のりで、日没を迎

❶ディナーではフランス料理のコースが楽しめた。味も街のレストランに一歩もひけを取らなかった ❷ランチは下り列車のみで提供される。旅のひとときをゆったりと楽しむのに好適な一品だった　2010.6（2点とも）

札幌駅に到着した「トワイライトエクスプレス」。道内では"北斗星色"のＤＤ51形が牽引を担当した　2010.7

える。日が徐々に傾く時間は、ちょうど旅館にチェックインして夕食を待つ時間に味わうけだるさを感じられるひとときだ。けれども、撮影クルーは休むことなく動き回っている。車窓風景を記録するカメラはずっと回り続けているし、昼食の撮影が終わると、すぐに夕食に備えるキッチンの撮影などが入るから、休む時間はほとんどない。実際の番組では撮影された映像の一部が使われるのみだから、番組を見ているだけでは、のどかな旅のようにも感じられるのだが……。

　堺さんが、豪華なディナーを楽しんでいる間――それはもちろんカメラが回っている前でのことではあるが――私はカメラに映らない側に回って、乗務員さんにお話を伺う。やはり、この列車ならではの苦労もあり、とくに日本海沿岸が荒天に見舞われることが多い冬場には気を使うのだという。

函館本線有珠〜長和間をゆく「トワイライトエクスプレス」。この勇姿もいまはない　2009.9.20　写真：持田昭俊

　「トワイライトエクスプレス」が青函トンネルを通過するのは深夜のこと。けれども、撮影スタッフも、堺さんも、皆、けろっとした表情で、実況を続けている。私はといえば、スチール写真を撮る必要がないのをいいことに、1人さっさとベッドに向かう。個人の旅行で寝台列車に乗ると、「何だかもったいない気がして」眠れないのが常だけれど……。

　翌朝、まだ暗いうちに目を覚ましたが、取材陣は皆ひと晩中起きたままである。大阪を出発する前夜は、皆が深夜までテレビを見続けていたといい、駒野選手がPKを外したのを見届けてから眠ったというから、2日続きの徹夜ということになるが、タフなものである。もっとも、列車が函館を出発したあとは、札幌到着の直前まで撮影するシーンがなく、全員がそのままの格好で泥のように眠っていた。

　「トワイライトエクスプレス」もいまはない。JRのプレスリリースによると、同じコンセプトを継承したより豪華な列車、87系気動車"トワイライトエクスプレス瑞風"が2017（平成29）年春にデビューする予定だが、理想をいうのであれば、誰もが無理なく乗車できる寝台列車が1往復は定期列車として運転していて欲しかったのだが……。

　この時に車掌さんから伺った「この列車から海に沈む夕日を眺めるのであれば、ゴールデンウィークの次の週か、お盆の次の週が最適だと思います」というアドバイスを確かめることができなかったことが、心残りだ。

第7話

惜別！
寝台特急「カシオペア」

～再びテレビクルーと寝台特急に乗車～

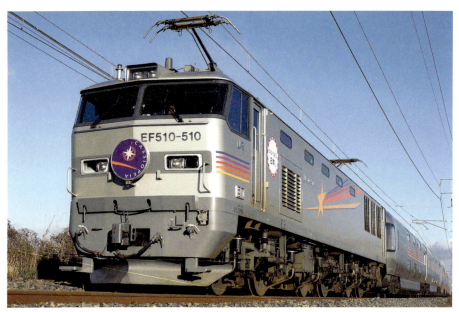

カシオペア色のＥＦ510形牽引による「カシオペア」。全室２人用Ａ寝台個室の豪華な列車だった　2015.12.6
東北本線宝積寺～氏家　写真：持田昭俊

● 終焉迫る豪華寝台列車に乗車

　フジテレビのＣＳ番組『みんなの鉄道』はその後も放映の回数を重ねていた。もちろん、長い間には色々なことがあって、それはいずれ笑い話にできることだろう。「トワイライトエクスプレス」を取材した時と同じメンバーで、こんどは終焉迫る寝台特急「カシオペア」に乗車したのは、2015（平成27）年6月のことだった。またも豪華寝台列車徹夜の旅への参画であった。

　白状すれば、それまで「カシオペア」に乗車したことはなく、恐らくは列車が姿を消すまで、乗ることはないだろうと思っていた。２人用Ａ寝台個室を利用するのであれば、その予算を別の方向に向けたいというのが、自分の好みだからで、なんだか「均一周遊券」を使っていた頃の貧乏癖が、その後40年経っても抜けないという気がしないでもないのだけれど、これまではそうだった。だから取材とはいえ「カシオペア」への乗車は、青天の

青森・札幌寄り先頭の12号車はフリースペースのラウンジ。列車の発車前から乗客の姿がちらほら見られた

食堂車も落ち着いた雰囲気だった。営業時間が「トワイライトエクスプレス」より短かったことが惜しまれた 2015.6（2点とも）

霹靂だったのである。

　長い道のりになった。例によって撮影クルーは、列車が動き出すとすぐに忙しく働きだし、かたときも休まない。堺アナウンサーの実況を収録し、車窓の眺めを収録して、その合間に、駅弁の「ブツ撮り」（商品撮影）を

する。スタッフ全員分のベッドは用意されているのだが、そこは取材基地として利用され、撮影機材で埋め尽くされている。本当に皆、どうやって眠るのだろう。もちろん、一般のお客様に不愉快な思いをさせてはいけないから、打ち合わせの声は小さく、機材の移動も

1「カシオペアスイート」の1階ベッドルーム。列車内とは思えない優雅な部屋だが、取材クルーはほとんど利用することがなかった 2函館での機関車付換えの風景。反対の列車端では、ＤＤ51形が連結された 3ルームサービスの朝食。車窓風景をゆっくりと楽しみながら誰にも気兼ねなく朝のひとときが楽しめた 4取材クルーは列車の発車前から、到着後まで、かたときも休む暇がなかった　2015.6（4点とも）

慎重に行なう。ホームでは「番組を見ています。頑張って下さい」と声をかけてもらうこともあって、その瞬間には疲れが吹き飛ぶのだけれど、それがまたプレッシャーにもなる。これがやり甲斐というものであるに違いなかった。

　撮影がひと段落したあと、堺アナウンサーと雑談。「いま、どこですか？　盛岡？」「まだ半分です、札幌まで。長いですよね」「昔は、もっと遅かったのにね。だって、あの頃は急行でしょ。それも座席車だ。でも何であんなに楽しかったのだろう？」鉄道が好きな者どうしのいつもの会話になる。自分が鉄道を好きになり始めた頃、いちばん夢中になれた頃の思い出は、いつまで経っても色褪せることがない。

●寝台列車にもっと欲しい遊びの要素

「カシオペア」に使用されていたＥ26系客車の最大の特徴は、全室が2人用Ａ寝台個室で構成されていたことだ。それは乗客のプライバシーを尊重し、リラックスを与える最上の方法であるように見受けられた。そのいっぽうで、乗客がすべて個室に籠もってしまうわけだから、列車全体が森閑としてしまっていた。もちろん、編成の端、12号車にはフリースペースのラウンジカーがあるのだが、あい

ＤＤ51重連牽引による「カシオペア」。"北斗星色"の大型ＤＬもこの列車にはよく似合った　2014.7.16　室蘭本線長万部～静狩　写真：持田昭俊

にく、あまり利用されてはいないようだった。
　私は1994（平成6）年に、アメリカの大陸横断鉄道に乗って、ロサンゼルスとシカゴを往復したことがある。往復とも2泊3日の行程で、食堂車で7回食事をすることになるのだが、あれは賑やかな列車だった。フリースペースのロビーもあって、カウンターでは軽食やアルコールを販売している。カウンターマンは、ジーンズにワークシャツというカジュアルなスタイルだったが、いつも乗客に話しかけるなど気を使い、列車の旅を楽しいものに仕立てていた。あの人なつっこさはアメリカ人特有のものだけれど、日本の豪華列車には、丁寧な応対があっても、いつまでたってもあの楽しさが生まれないのが、ちょっと悔しい。通りかかったアテンダントさんに話

を伺うと、自身もこの列車の仕事をとても楽しく感じていて、本当はいつまでもこの列車に動いていて欲しいと答えてくれた。まだまだ、列車の旅を楽しくできる可能性はある。
　徹夜の旅が終わり、札幌で回送列車を見送る。撮影スタッフにはまだ走行シーンの撮影や、編集作業が残っているが、ひと段落はした気分になる。駅の近くの店で、全員でジンギスカンの昼食。ちょっとした打ち上げである。「貴方はこれからどこに行くの？」と堺アナウンサーに訊かれたので、「小樽に寿司を食べに行きます」と返事したら、「貴方は大食い選手権に出られる」とあきれられたけれど、すぐに飛行機で東京に帰らなければならないのだから、それくらいはしないと北海道まで来た甲斐がなかった。

第8話

消えた夜行列車

～廃止間近の急行「はまなす」の記録～

青森駅で発車を待つ急行「はまなす」。JRに最後まで残された定期急行列車。そして貴重な夜行列車だった

青森駅から列車の先頭に立つED79形。安全を考慮して、ホーム先端での撮影は禁止されていた

● 迷っていると空席がなくなる列車

　昭和の時代までは、急行列車が全国に運転されていた。それは特急よりも安く利用でき、とくに「均一周遊券」利用の時は、追加料金なしで利用できたから、予算の限られた旅にはもってこいの存在だった。今も蒸気機関車や、いわゆる旧型国電の撮影のために全国をわたり歩いた世代との昔話になると、話のマクラには、急行の愛称名が必ずといってよいほど登場する。その次が夜行列車で、どのよ

ＥＤ79形にはヘッドマークが掲げられていた　奥羽本線青森

車体側面に表示された札幌の駅名。急行という列車種別も、定期列車ではすでにこの列車だけのものになっていた　2015.10.2（4点とも）

うな姿勢で眠ったのか、というような話へと展開する。もちろん、この夜行列車とは座席車を指し、その一夜は決して快適ではないのだが、思い出だけはじゅうぶんに残してくれたことになる。

　その急行も、いまはＪＲの線路上を走る定期列車はない。全廃こそアナウンスされていないものの、鉄道を使った長距離の移動は新幹線か特急しか選択肢が与えられていない。現代の鉄道が、これから急行列車を、あるいは格安で旅行できる移動手段を、どのようなかたちにしてゆくのか、その未来像は不明瞭なままだ。

　最後の急行「はまなす」に乗ったのは、2015（平成27）年10月のことだった。噂される列車の廃止まではまだ半年あったものの、そろそろ「お別れ乗車」で指定席券が取りにくくなっていたこともあり、「みどりの窓口」で半信半疑でオーダーを出した。窓口の係員さんは、希望の席の位置があるかなどを一切聞かずに端末を操作し、瞬く間に「のびのびカーペットカー」の下段が発券された。

「私も指定が取れるのか、解らなかったのです。幸いなことに空席がありましたので、すぐに発券させて頂きました。どの席にするか迷っていると、その間に席がなくなってしまうことがあるのです」と、その係員さんは言う。つまり今回は、相当に運が良かったということなのだろう。なにしろ、希望の乗車日は3日後である。もしも、指定席券が入手できなければ、自由席の列に並ぶことも覚悟してはいたけれど、急行での最後の旅くらいは、

函館駅に停車中の急行「はまなす」。深夜にもかかわらず、多くの人がこの駅で下車。地元の利用があることが窺えた
2015.10.3

1「のびのびカーペット」車内。独特の乗り心地が楽しめた車両だった　2015.10.3　2こちらは指定席ドリームカー。特急グリーン車のシートが流用されていた　2015.10.2

　駅でのんびりと時間を過ごしながら、出発時間を待ちたいと思っていた。

●多くの利用客がある深夜の函館駅

　そう。青森と札幌を結ぶ「はまなす」は、JR最後の定期急行だったのだ。それも夜行で座席車と寝台車が連結されている列車だから、趣味的にも興味深い。下り201レ「はまなす」の青森発は22時18分、札幌着は6時07分で片道およそ8時間の行程である。「はまなす」が青森を出る頃になると、駅利用者の人影もずいぶんと少なくなり、一層の淋しさを感じる。ホームに流れる女性の声の案内放送が、「特急はまなす号」と列車を紹介している。別段訂正されることもない。つまり、夜行列車や急行列車とは、それほど影の薄い存在になってしまっていたのだろう。

札幌到着直前の車窓風景。北の国の秋の日の出は遅く、街の喧噪もまだ始まる前であるように見えた　2015.10.3

　定刻に青森を発車した「はまなす」は何度も身震いをしながら徐々に加速してゆく。窓の外を流れる街の灯。車内に流れる案内放送のオルゴールは懐かしの『ハイケンスのセレナーデ』。ラ・ド・ファ・ラ・ソ・ミ・ドー・ミ・ソ・レ・ソ・ドー・ドと最後の一音が跳ね上がるようにオクターブ高くなるのが楽しい。この旋律は優等列車だけでなく、昼行の客車列車でも使用されていたから、地方に出かけるたびに何度でも聞くことができたけれど、札幌発着の夜行列車がなくなったあとには、どこで聞くことができるのだろう？　そう思うと、この旋律を聴くことが、旅の目的ではなかったかという気持ちになってくる。

　列車の終焉が近いということで心配したのだけれど、車内はふだんどおりの静かさだった。「のびのびカーペットカー」の乗客は、手持ちの荷物を手際よく整理して、すぐに横になる。寝台車を覗いてみるとこれも静寂そのもの。座席車では話し合っているグループもありはしたけれど、静かな語り口だった。ヒソヒソ話は夜行列車によく似合う。

　青函トンネルを抜け、午前1時を過ぎて函館に到着。多くの人が列車を降り、改札口へと向かってゆく。この列車にはこれだけの日常的な利用者がいるのだ。この列車がなくなったあとは、どうなるのだろう？　もちろん、皆それぞれに自衛策を講じるのだろうけれど。列車が札幌に到着するまで、まだ5時間走らなければならない。秋もずいぶんと深まっているから、窓の外が明るくなるには、もう少し時間がかかる。

地方を旅したこと

第二章

第9話	三陸の鉄道を訪ねる	44
第10話	余部橋梁の変貌	48
第11話	人の波溢れる秘境駅	52
第12話	大町から立山へ	56
第13話	佐原から銚子へ	60
第14話	松本から小布施へ	64
第15話	「山線」の変わらない魅力	68
第16話	北陸新幹線と第三セクター鉄道	72

第9話

三陸の鉄道を訪ねる
～大震災で変わったもの、変わらないもの～

三陸鉄道南リアス線恋し浜駅に掲げられた貝殻の絵馬。ここを訪れた一人ひとりの復興への思いが込められていた　2013.8.21

JR八戸線で運転されているキハ48形観光列車「リゾートうみねこ」。太平洋を望む車窓風景を満喫できる列車だ　2012.7.14

● ニュース映像には映らなかった現地の風景

　東日本大震災が発生したのは2011（平成23）年3月11日。多くの方が犠牲になり、鉄道にも各地で甚大な被害が出た。

　社会人になった初めての冬に東北をまわってから、東北の鉄道が大好きになったけれど、三陸地方は、それまで訪れたことがなかった。東京からは、やはり遠い一角だったのである。けれども、震災が発生したあとになって、幾度も三陸地方の鉄道を訪ねるようになった。

暫定復旧中、小本駅止まりで運転されていた三陸鉄道の列車（36形）。全線の復旧には3年の歳月を要した

宮古駅の風景。左手が三陸鉄道のホーム。JR線のホームには「East-i-D」の姿が見える　2012.7.14（2点とも）

もちろん、いずれもが復興の姿を伝えたいがためであった。

　取材に訪れたのは三陸鉄道であった。地震が発生した際の揺れの大きさを訊くことはしなかったけれども、この鉄道の多くの社員が、地震のあとは家に帰ることはせず、宮古に留め置いた車両を本部として、車内に寝泊まりをして対策を進めていったという話を伺った。すぐに線路を復旧させること、復旧が確認できた区間には試運転列車を走らせるのだが、軌道が歩行者の通路になっていることが予想されることから、試運転列車はタイフォンを鳴らし続けながら走ることが指示され、そうやって動きはじめた列車には、沿線住民の多くが手を振った。力強いタイフォンの音が皆への鎮魂と励ましと捉えられたようだった。その様子は、やがて放送されたNHKの朝の連続ドラマ『あまちゃん』の1シーンとしても再現されることになる。

　取材の際には、自動車を借りて沿線を走ることもできた。私が現地を訪れた時には震災の発生からは少し時間が経過しており、ニュースでは漁港に震災後初めて魚が揚がったことなど明るい話題が数多く取り上げられてい

震災の発生後、仮設営業で再開した商店も多かった。復興の足取りは速くはなかったが、多くの人々がこれを支えた（写真のお店は近くに移転して本格営業を始めている）　2013.8.21

❶盛駅のＢＲＴターミナル。跨道橋が鉄道施設の名残りを留める。このシステムが真価を問われるのは、これからだ　2013.8.21　❷八戸線を走る「TOHOKU EMOTION」。新しい観光需要の創出を図って登場したレストラン列車だ　2013.11.29　久慈

たが、実際には、沿線の多くの場所で復興作業はまだ未着手の状態だった。宮古の近くには球場もあったが、グラウンド内には瓦礫（がれき）が積み上げられていた。すり鉢状のスタンドが、瓦礫を囲む柵として役に立つと捉えられたのかもしれなかった。

● 震災から3年を要した全線の復旧

つぎに三陸鉄道を訪れたのは2013（平成25）年8月のことで、全線復旧へ向けての工事が本格化した時期であった。すでに一部の区間では運転が再開しており、訪ねてみた南リアス線の恋し浜駅は震災前と変わらない姿となり、ホームの待合室は、貝殻（かいがら）を絵馬に見立てた飾りで埋め尽くされ、駅を訪れた人の復興への願いが綴られていた。駅の近くに住むご夫妻が、毎日欠かすことなく駅の掃除を

恋し浜駅ホームに設けられた「幸せの鐘」。その音色に復興への願いが込められている　2013.8.21

務めているのだという。いっぽう、盛駅にはBRT（bus rapid transit）のターミナルが完成し、稼働を始めていたが、既存の鉄道施設を単に流用したに留まっている感もあり、このシステムの真価を発揮させるためには、事業者側が真のアドバンテージを見極める必要があるように感じた。

その2年後には、この地区で運転されている列車を取材するために三たび三陸を訪れた。その前年の2014（平成26）年4月6日に、三陸鉄道は全線の復旧を果たしていた。震災直後には復旧が危ぶまれ、公的資金の投入を無駄遣いと評する新聞の投書もあったが、全線の原状復旧をめざした三陸鉄道と、沿線自治体首長の思いは叶ったのである。震災の発生から3年が経過していた。津波が去ったあとは、何もかもが消えてしまったかのように見えた三陸鉄道北リアス線の田老駅や島越駅の一帯も鉄道施設が復旧し、徐々に生活が取り戻されつつあった。

いま、三陸の鉄道には新しい魅力が生まれている。JR東日本で2013（平成25）年10月から運転を開始したキハ110系改造車によるレストラン列車「TOHOKU EMOTION」もその1つ。八戸を起点に八戸線を久慈まで走る道のりは、長い区間で太平洋が車窓いっぱいに広がる雄大な眺めを楽しめる。久慈から三陸鉄道に乗り継ぎ、宮古方面に向かえば、海を楽しむ道のりは、さらに長く延びる。三陸鉄道北リアス線の久慈駅の駅弁「うに弁当」は、"まぼろしの駅弁"といわれる一品だ。

第10話

余部橋梁の変貌
～トラス橋の時代・コンクリート橋の時代～

コンクリート橋で新製された余部橋梁。最新の設計と対策によって安全性も高められている　2013.1.16　山陰本線　鎧～餘部

● 鉄橋の下に広がる静かな海

　山陰本線の名所の1つに数えられる余部鉄橋に撮影に出かけたのは2009（平成21）年の8月のことだった。ある月刊誌の取材である。まだデッキトラス式（上路式トラス橋のこと）の鉄橋が健在だった時代で、武骨な姿には、遠くからでもじゅうぶんな迫力を感じることができた。

　全長310.59m、河床からレール面までの高さ41.45m、11基の橋脚が橋桁を支える。開通は1912（明治45）年3月1日。

　まだ、土木技術が未熟だった明治時代に、よくぞこのような高みに橋を架けたものだと思う。実際に橋が完成したあとも、試運転列車への乗務を拒んだ機関士もいたという。あるいはそれも当然の心理であったかもしれない。

　デッキトラス時代の余部鉄橋は、どの角度から見ても絵になる橋だったが、離れた位置から海を入れて撮るのは思いのほか難しかっ

48

トラス橋時代の余部橋梁。下から見上げると、その高度感は圧倒的だった　2009.8.22

た。橋のシルエットは捉えられても、肝心の列車の姿が、橋の後方に連なる山の深い緑に溶け込んでしまうのだった。それにそろそろ橋を新しいものに架け替える工事が始められていて、ずらりと並んだクレーンはどうにも絵にならない。魅力的な撮影アングルを探して、橋の下を右往左往したことを覚えている。この年の夏は梅雨明けが遅く、私が訪れた8月の20日過ぎになって、ようやく夏らしい暑さが訪れた。橋の下には小さな漁港があって、防波堤で囲まれた一画は、子どもたちにとって格好の天然のプールだった。「今日が初めてだよ。海に浸かれるのは」子どもたちを連れてきたのだろう、木陰で涼んでいたお年寄りが笑う。多くの若者で喧噪に包まれる大都会に近い海とは別の世界がそこにあった。

● **コンクリート橋になっても観光客の姿が……**

　余部橋梁の架け替え工事は、その後、2010（平成22）年8月に完了し、同月12日から使用が開始された。新しい橋はコンクリート製で、旧橋梁よりも安全性が高められ、道床にはバラストが散布されていることから列車走行時の騒音が減少するなど、幾つもの改良が施されていた。

　この姿を前回の続編として取材に出向いたのは、2013（平成25）年1月のことだった。新しい橋はずいぶんとすっきりしたスタイルで、明治時代と現代の技術の差を見せつけられた思いがした。橋梁の前後の線路がSカーブを描いていることだけ美観が損なわれた気もするが、安全性には代えられない。それまでにも橋の下には、お土産物屋さんや、飲食店を兼ねた旅館が軒を連ねていて、勇壮な姿の橋が消えてしまったことで、お店のその後が気になっていたのだけれど、実際に現地を訪れてみると、人の波はむしろ増えているほどだった。橋の直下には道の駅「あまるべ」があり、観光バスが発着している。バス旅行でこの地域を訪れた観光客には、橋を下から眺めることがイベントの1つになっているのである。

　このような不思議なムーブメントは、いま、各地に起こっていて、本書の52ページに書いた奥羽本線の峠駅や、68ページの九州最古といわれる木造駅舎が残る肥薩線の嘉例川でも

新橋は、旧橋梁の山側に並行するかたちで架けられている　2013.1.16

1 架替え工事中の橋梁を港から望んだ。波静かな入り江が子どもたちのプール代わりになっていた　2009.8.22
2 橋梁の下には、幾つもの観光施設がある。地元の人にとっても、橋は拠り所なのだろう　2013.1.16
3 トラス橋の壮大かつ端正なシルエットは遠くからでもすぐに見つけることができた　2009.8.20

同様の情景が見られた。観光客が自家用車でやって来て、駅の姿をしばらく眺め、写真を撮って帰ってゆくのである。鉄道を利用することはしない。なんだか、鉄道が愛され続けているのか、見捨てられてしまったのか、判断に苦しむ部分もあるが、これらの人も、鉄道旅行や、鉄道を利用して旅した遠い昔の懐かしい日々に対して、なんらかの思いを抱いていることは間違いないのだろう。鉄道事業者自身が、このような人たちをどのように気遣ってゆくのか、自分たちが有している資産をどのように活用してゆくのかは、まだ不明瞭なままである。

　初めて余部鉄橋の取材に出かけてから、もう6年が経過したことになる。この橋を通過する特急も、いまはすっかりその数を減らし、山陰本線京都口のルートが裏街道のような姿になってしまったのは、余部の美しい風景を思えば残念だ。あの時、漁港で泳いでいた子どもたちは、そろそろ高校生くらいにはなっているはずだから、もうそこにはいないのだろうけれど。

1986(昭和61)年に発生した列車転落事故の慰霊碑は、橋を架け替えたあとも建ちつづけている　2013.1.16　写真：菅原光生

第11話

人の波溢れる秘境駅

～自動車の列が板谷峠をめざす～

峠駅駅前にある峠の茶屋は1894（明治27）年創業。いまも「峠の力餅」を売り続けている老舗だ

峠駅から徒歩1時間の滑川温泉。いつも川音が絶えることのない一軒宿の秘湯だ

● 豊かな自然に囲まれた板谷峠越えの駅

　いつの頃からか「秘境駅」という言葉が市民権を得るようになった。それは山奥に設けられた小さな駅が、過疎化によって極端に利用者を減らし、そこがまるで秘境であるかのような様相を呈した駅を指す。駅とは本来利用者があるからこそ設けられるものだから、「秘境駅」とは矛盾した存在であるわけだが、つまり社会の変化に鉄道が対応しきれていないことの象徴でもあるのだろう。もっとも、

峠駅旧駅舎の下を山形新幹線が駆け抜ける。かつて機関車が喘ぎながら登った道を、E3系（旧塗色）は瞬時に通過した
2014.5.4（3点とも）

鉄道という交通機関はインフラの整備に莫大な予算と手間がかかるシステムだから、この状況を単に鉄道事業者のせいにすることはできない。

いまは山形新幹線も走る奥羽本線福島〜米沢間、いわゆる「板谷峠越え」にも、「秘境駅」と称されるようになってしまった駅がある。赤岩、板谷、峠、大沢などの峠越えの核心部に位置する無人駅群がそれで、どの駅も駅周辺に住む人は少なく、それに線路に並行するかたちで国道13号（万世大路）が存在しているから、クルマ社会といわれる今日に、1日に数本の列車しか停まらない駅の利用者が減ってしまうのも、当然といえば当然のことなのだろう。それでも、それぞれの駅、とくに峠駅などは、駅周辺に美しい自然が残り、駅からはやや時間がかかるものの、周辺に滑川温泉、五色温泉もある。なかなかどうして、訪れる魅力のある駅なのだ。

私自身も、「板谷峠越え」に写真撮影に通った時期があった。それは多くのレイルファンと同じように、奥羽本線の改軌工事が始まる直前のことで、山形新幹線の開通によって姿を消してしまう各駅のスイッチバックや、そこを走るEF71形、ED78形、それに牽かれる客車列車の姿をフィルムに収めたいと感じたからだ。東京からはおよそ300km。決して近くはないのだが、山の澄んだ空気や、静かな佇まいの駅、深山に響き渡る電気機関車のホイッスルは、とても魅力的なものだった。

● 物語に出会った峠駅

そんな「板谷峠越え」の様相も、近年は大きく変貌してしまった。線路の付け替えがあったわけでも、駅の統廃合があったわけでもない。秘境駅が秘境駅ではなくなってしまったのである。そのことに初めて気づかされたのは、2002（平成14）年6月のことだ。自動車利用での探訪であったが、板谷駅から続く峠駅への一本道に、どこまで行っても自動車の列が続いていたのである。

1 峠駅の旧構内には雪覆いなど数多くの遺構が残されている 2 峠の茶屋の飼い猫だろうか。付近を走り回っていた猫。のどかな春の風景だった 3 峠の茶屋の「山菜の天ぷらと山菜入り雑煮」。春ならではの瑞々しいほろ苦さが楽しめた

　狭い道に次々と現れる対向車とすれ違いながら、その渋滞の理由が解らなかった。けれどもようやく峠駅に着いて、それが判明する。事故や、イベントが発生していたわけではない。ただ単に多くの人（それも高年齢層が圧倒的に多かった）が、自動車を使って峠駅を訪れていたのである。

　それは不思議な情景だった。自動車を利用

峠駅の旧ホームのレールは雑草に埋もれていた。時を経るごとに、使用済みの施設は記憶とともに風化してゆく
2014.5.4（4点とも）

して駅に殺到した人は、鉄道を利用するために駅を訪ねたわけではない。ただ、駅の様子を眺め、そこでしばらく時間を過ごしてから帰るだけのことである。それが鉄道にとって良いことなのか、悪いことなのかは解らなかった。良いわけはないが、人々からまるで忘れ去られてしまうよりはマシなのだろう。多くの人たちが殺到した理由は解らないが、テレビか何かで取り上げられたのかもしれない。これが現代の秘境駅の姿なのだと思った。

峠駅のすぐ脇にある茶店は健在で、多くの人が、蕎麦や、揚げたての山菜の天ぷらを楽しんでいる。「峠の力餅」を売っているお店で、スイッチバックが健在だった時代から、普通列車が到着すると、立ち売りの声がホームに響き、その声もまたこの駅の名物となっているのである。朝に上り下り4本の列車を見送ったあと、昼過ぎまで列車は来ない。その間に、このお店のまわりが時代とととともにどう変わっていったのか、そんな話をご主人に伺うこともできた。お店のまわりを小さな犬が走り回っていた。次の機会にその犬のことを伺ったら、米沢に嫁いだのだという。そんな短い物語を知ることができたのも、旅の楽しみだった。

今は、スイッチバックの時代の遺構も、どんどん色褪せた存在に変わりつつあるようだ。この先、峠駅はどう変わってゆくのだろう……。

第12話
大町から立山へ
～中部山岳地帯を横断する～

室堂付近からの立山室堂平の眺望。本来であれば屈強な登山家のみが目の当たりにできる風景のなかをアルペンルートが貫く

関電トンネルトロリーバス300形。扇沢と黒部ダムの間を結ぶ。ほぼ全線でトンネルを走っている　扇沢

●さまざまな乗り物を乗り継げる山岳の道

　朝から晩までパソコンの前に座り続けている生活と、忍び寄る――どころか怒濤の勢いでやって来る加齢による体力の低下で、すっかり回数が減ってしまったのだけれど、山歩きが好きで年に何度かは出かけている。とくに夏の最盛期の標高3000m級の稜線が好きで、その爽やかさは、そこを訪れた人だけにしか解らない。空の青さは平地で見るよりも深く、日の出、日の入りの時間には、傾いた太陽の

立山黒部貫光黒部ケーブルカーコ21形。黒部湖と黒部平の間を結ぶ。起点と終点の高低差は373m　黒部湖

❶立山黒部貫光立山ロープウェイ。ルート中で唯一の鋼索線。大観峰と黒部平を結ぶ。高低差は488m　❷立山黒部貫光立山トンネルトロリーバス。全線でトンネルを走行している　2010.8.4（5点とも）　室堂

　光が、ビルに遮られることのない長く濃い影を作り出す。確かにそこは別天地なのだ。標高3000mとなると、簡単に辿りつくことはできない。6時間くらい単調な坂を登り続けることで、ようやく足を踏み入れることができるのが、標高3000mの世界なのである。
　それでも、公共交通機関を利用することで、誰でも無理なくそうした世界に足を踏み入れることができる場所もある。その代表格が、北アルプスの山中を貫いて長野県と富山県を結んでいる「立山黒部アルペンルート」だ。
　起点を長野県側のJR大糸線信濃大町駅とするならば、そこからバス→トロリーバス→ケーブルカー→ロープウェイ→トロリーバス→バス→ケーブルカー→電車と乗り継いで富山駅に抜ける。何だか聞いただけでもお腹いっぱいになってしまいそうな乗り物の乗り継ぎを楽しめるのが、このルートなのである。トロリーバスというと、若い人には馴染みが薄いかもしれない。正式名は「無軌条電車」。屋根上にあるトロリーポールという棒状の集電装置で、架線から電気を取り入れてモーターを回して走るタイヤの付いたバスなのだが、法規上は鉄道に含まれる。遠い昔には、東京や横浜などに路線網があり、とくに横浜市のものなどは経営的にも堅調であったというが、

黒部湖。黒部川第四ダム（黒四ダム）の完成によって生まれた湖。好天の日には湖面がエメラルドグリーンに輝く

立山黒部貫光立山ケーブルカー。美女平と立山を結ぶ。高低差487m。貨車を従え貨物運搬にも使用される
立山

架線の下しか走れない（車庫内などではバッテリーで走ることもできるが）、取り回しの不自由さもあって次々に姿を消してしまった。しかし排気ガスを出さないクリーンさが買われて、日本ではこの「立山黒部アルペンルート」内のみに、2路線が営業しているという次第である。

● 人の波とともに多くの乗り物を乗り継ぐ

　私がこのルートを訪れたのも取材によるものだった。北陸地方の鉄道を特集する企画があり、それならアルペンルートを経由してゆけば記事が1本増やせるという提案をしたら、それが通ってしまったのである。知る人ぞ知るようにこのルートを乗り通すと、結構な運賃がかかるので、企画が通ったのは嬉しかったが、仕事となると個人の楽しみは二の次となる。このあたりはどちらが良いのか、いつも結論が出せないでいる。

　日程的にも余裕がなく、現地を訪れたのは夏の週末になってしまった。つまり人がいち

黒部第四ダムの観光放水。建設工事の苦闘が映画の題材にもなったダムは、観光ルートの中核になった　2010.8.4（3点とも）

　ばん多い時である。現地の賑わいぶりを観察できるのは、それはそれで良いのだが、あまりにも人が多いと、気ままな移動は難しくなる。

　この時もそうなった。バスからトロリーバスへ、そしてケーブルカーへ。人の波とシンクロして動かなければ、乗り継ぎがうまくいかない。夏の最盛期とはいっても、通勤路線のような圧倒的な輸送力があるわけではないから、「便を1本遅らせて」というような段落作戦もなかなか取りづらい。乗換え改札口にはいつも長い列ができ、自分もそのなかに紛れ込んでいるという具合だ。係の人がハンドマイクを使って列に話しかける。

「これからケーブルカーに乗られるお客様は……」こちらは、もう2列に並んでいるけれど？「……お弁当はいかがですか？」食べたばかりなので今はいらない。

　こうやって、人が順繰りに移動してゆく。でも、大勢の人を相手にしなければならないのだから、お弁当の販売も、列の整理も大変なのだろうと思う。

　ルート中の最高地点となる室堂は標高2450m。3000mには及ばないけれど、ここはもう立派な高山の世界だ。目を凝らして見れば、周囲には高山地帯ならではの植生が広がっている。もちろん、私たち乗り物好きにとっては、トロリーバスも、ケーブルカーも興味深い。長いトンネルの中を走るトロリーバスは迫力が感じられる。細かく観察していれば、この路線も、信号システムなどが一般的な鉄道と同様であることに気がつくだろう。

第13話

佐原から銚子へ
〜都会にも近い地方都市の魅力〜

2016（平成28）年2月28日に引退した、銚子駅に停車中の銚子電気鉄道デハ1001

●ビジネスホテルにはない楽しみを求めて

　鉄道の乗り歩きであるとか、あるいは撮影行と呼ばれるような旅を始めてから今日まで、旅を巡るさまざまな状況のなかでいちばん大きく変わったのが、ホテル事情、つまり宿泊を巡る環境なのではないかと思う。鉄道の旅を始めた頃は、とにかく「均一周遊券」というやつが唯一無二の武器で、これさえ入手すれば、急行の自由席が乗り放題になる。どこへ行くにしても、全国の幹線には必ず急行の1往復くらいは運転されていたから、あとはどうにでもなった、のである。「命、現金、周遊券」という言葉もあって、つまりこれさえあれば、旅を続けられる、自宅に帰って来られるという意味であった。

　私がそれだけ「周遊券」に固執したのは、夜行列車を利用すれば単純に宿代が浮くからで、それには当時の宿泊事情も無関係ではなかった。昭和の中期までは、いまのように全国にリーズナブルなビジネスホテルはなく、それなりの料金と、それなりの手間を費やして泊まらなければならないというのが、当時の、旅館に対するイメージだったのである。

　近頃は、どこへ行くのであれ、ビジネスホ

静かな佇まいを見せる佐原の町。近世以降に水運の街として栄え、いまも小江戸と呼ばれる町並みが残っている

小野川のほとりに建つ「木の下旅館」。風格のある構えから、テレビ番組のロケなどに使われることも多いのだとか　2015.6.20（3点とも）

テルを使えるようになった。けれども、最近は少しそれに飽きてきたこともあって、昔ながらの宿を探して泊まることも多くなった。手の込んだ夕食、朝食を出してくれるのも、街へ出て酒を飲むという習慣のない私には楽しく、その当たりはずれを体験できるのも、旅館に泊まる楽しみとなっている。

銚子電気鉄道の取材があった。朝のラッシュ時に撮影をする必要があったことから、現地で泊まることを考え、それならばと、さらに捻りを入れて、銚子ではなく佐原に泊まってみることを計画したのである。

● 昔ながらの宿のもてなしを楽しむ

　JRの佐原駅に到着したのは、雨が降る夕

銚子電気鉄道銚子駅。ＪＲのホームの先端に銚子電気鉄道の駅施設が設けられている。手前側がＪＲのホーム　2015.6.19

❶左は銚子電気鉄道の最新鋭3000形。元・伊予鉄道700形で、銚子電気鉄道には2016（平成28）年3月に入線した。右は2000系　2016.4.1　仲ノ町　❷現行ダイヤでは、ラッシュ時のみ笠上黒生駅（愛称：髪毛黒生駅）で列車交換が行なわれている　2016.3.18

暮れ時だった。乗ってきた電車は幕張車両センター所属の209系4両編成で、バリバリの通勤型電車が、都心からは少し離れた場所を走っていることが不思議ではあったけれど、クロスシートも設けられた客室設備は、この路線の輸送需要にフィットしているようだった。次の電車を待っているのだろう、駅舎のなかや駅前には高校生が溢れている。私だって昔はそうだった。この時間帯が楽しいのだ。そして事実、いまも忘れることのできない思い出がたくさんある。

選んだ宿は、小さな流れの傍らに建つ木造の宿で、その古い佇まいが雑誌などに採り上げられることもある。佐原には今も古い町並みが残っていて、これも旅行雑誌などに取り上げられることが多いのだが、実際に来てみ

引退前の1000形1001は、旧・営団（現・東京メトロ）2000形の塗色に変更されて注目を集めた　2015.6.20
犬吠〜外川

ると、その美しさは想像以上だった。そのいっぽうでシャッターを閉めている商店もありはしたけれど、こんなに美しい町が東京のすぐ近くにあることに、なぜ今まで気づかなかったのだろうと思う。これまでにも銚子電気鉄道には何回も取材に来ていたのだから、そのうちの半分でも、あるいは3分の1でも、佐原に立ち寄る機会を作っていれば、旅がもっと楽しくなっただろうにと思う。

　宿の主人は素っ気ないところもある人だったけれど、初発電車に乗らなければならないので朝食をキャンセルしたら、その代わりに、朝の出発間際に「これ、飲んで」と缶コーヒーを1本サービスしてくれた。そして「これ、かみさんから」と、これは奥様手作りの入浴セットのプレゼントである。昨日の夕食は銚子港の魚料理屋のものより豪華だったし、なんだか申し訳なくなってくる。ビジネスホテルには、こういう心に響くようなサービスはない。先入観にとらわれることなく、行動範囲を広げてみれば、鉄道旅行をもっと楽しくできるということなのだろう。

　頂いた缶コーヒーは、電車に乗るなりすぐに飲んだ。まわりでは通学の高校生がクロスシートに腰掛けて、皆、居眠りをしている。朝日が射し込み始めた車内の雰囲気は明るい。ローカル線に新しい車両が入ってくるのは良いものだ。電車が佐原を出て45分ほどで銚子に到着する。JRのホームと繋がっている銚子電気鉄道のホームには、お目当ての1000形が停まっている。さあ、これからが仕事の本番だ。長い1日が始まった。

第14話

松本から小布施へ

～各駅停車で旅に出てみる～

松本市の中心部を流れる女鳥羽（めとば）川。川沿いには昔ながらの商店や、老舗が軒を連ねている

八王子駅から乗車した215系臨時快速「ホリデー快速ビューやまなし」2016.3.19（4点とも）

●いつもとは逆方向の電車に乗ろう

　朝、いつもと同じ時間に起きて、駅から電車に乗る。けれども、行き先はいつもとは反対の方向だ。ある日突然、会社勤めに反旗を翻すような、そんな気分を味わってみたくなり、八王子から下り電車に乗ってみることにした。一応、松本で泊まることを予定するけれど、とにかくやって来た普通電車を乗り継ぐことにして、夕方までには松本に着けるだろうという行き当たりばったりの行程である。

"長野色"にカラーリングを変えて中央本線で働く211系　中央本線松本

小淵沢駅に姿を見せた小海線のキハE200形ハイブリッド気動車"こうみ"

　もし、何か予定外のことが起こったのなら、その時は特急に乗って家に帰れば良い。

　八王子で偶然やって来た電車はオール2階建ての215系だった。臨時快速「ホリデー快速ビューやまなし」である。この電車に乗れば、クロスシートに座って小淵沢まで行ける。なんだか得をした気分になる。3月中旬。山間部を走る中央本線沿線の春はまだ浅く、線路を囲む山々は、まだ淡いモノトーンを装っている。けれども日の光はだいぶ強くなってきている。あと10日もすれば、サクラの便りも聞こえてくるだろう。

　小淵沢では松本方面への乗継ぎに小一時間のインターバルがあった。ホームで小海線を走るキハE200形ハイブリッド気動車を眺め、乗り換えてしまいたい誘惑を断ち切って、折返し松本行きの211系各駅停車に乗車する。松本には15時前に着くはずだ。現代の各駅停車はずいぶんと俊足だ。

　以前、自宅の最寄駅から初発電車に乗って、新宿から485系快速「フェアーウェイ」に乗り継ぎ、その後も普通列車だけを乗り継いで仙台まで行ったことがあった。その時は仙台に13時過ぎに着き、ほとんど701系ばかり乗っていった所要時間が、かつての485系「ひばり」とさほど変わりがないことに驚かされたのだった。電車の加速、減速の性能が向上していること、在来線から特急が消え、普通列車が優等列車を待避する必要がなくなっていることが所要時間の短くなった理由だと想

長野電鉄1000系の前面展望。長野駅発車までに、先頭の展望席は満席となった

1 長野駅に停車中の1000系。長野電鉄長野駅は1981（昭和56）年3月に地下駅へと移転し、櫛形ホーム2面3線を有する 2 長野電鉄で「スノーモンキー」の愛称で活躍する2100系は、元・JR253系「成田エクスプレス」用の車両　小布施

像できるのだが、ヨレヨレになっているように見えた線路の上を、全速力で飛ばしていたはずの485系「ひばり」が、現代の普通列車とあまり変わらない速度でしか走っていなかったことが、いまだにピンと来ない。これでクロスシートへの着席機会の提供と、トイレ、飲料などが確保されているのであれば、普通列車だけでも、かなり面白い旅の行程が組める気がする。そういえば、いわゆる旧型国電に乗って、飯田線を豊橋から辰野まで行ったこともあった。あれもタフな旅ではあったけれど、じゅうぶんに楽しめた旅だった。豪華な設備などなくても、何らかの動機づけがあれば、鉄道旅行はいかようにでも楽しめるのだと思う。

●元・小田急ロマンスカーの前面展望を楽しむ

松本で朝を迎え、2日めは長野電鉄の特急「ゆけむり」に乗ることにした。それに長野

この日の目的地となった小布施。長野電鉄の小布施駅には、懐かしいローカル色豊かな風情が残されていた。2016.3.20（4点とも）

　電鉄には「スノーモンキー」もいる。いうまでもなく、前者は元・小田急ロマンスカー10000形の1000系、後者は元・JR253系の2100系だ。長野にやって来た特急型電車は、どのように使われているのだろう。
　地下の長野駅に着くと、すでに1000系の特急が入線していた。発車時刻のだいぶ前なのに、もう先頭の展望席は半分埋まっている。ホームの反対側にはもう1本電車が入線していて、そちらのほうが元・小田急ロマンスカーよりも先に発車し、途中駅にも先に到着するのだが、お客さんは少ない。ロマンスカー人気は確固たるものとなっているのだ。
　ひと昔前は、地方私鉄に豪華な車両が譲渡されても、持て余してしまうことがあったが、ここではその魅力がじゅうぶんに知れ渡り、

乗客誘致に役立っているようだ。列車が発車しても展望席のお客さんは同じ席にずっと座り続け、前面展望を楽しんでいる。もちろん、レイルファンではない、ごくごくふつうのお客さんばかりだ。列車の前が見えるということは、やはりこれだけ楽しいことなのである。帰路に利用した2100系もじゅうぶんに手入れされた美しい姿をしていたが、1000系ほどにはお客さんが殺到していないように見受けられた。もっともこれは、下り列車と上り列車の違いもあるのかもしれない。
　「信州小布施　北斎館」に行くことを決めていたので、小布施で下車。以前、自動車で素通りしてしまった町をゆっくり歩いてみることにしよう。このまま展望席で湯田中まで行きたい気持ちもする。また来なければ……。

第15話

「山線」の変わらない魅力

~約40年ぶりに訪れた肥薩線~

人吉駅に残る石造りの機関庫。近代化産業遺産に認定されているが、現役で使用されている　2012.10.19

「いさぶろう・しんぺい」の車内。沿線の雰囲気に合わせて、車内はシックにまとめられている　2012.10.21

●かつては2泊の行程をいまでは……

　なくなりゆく蒸気機関車の姿を追って、友人と2人で九州を旅したのは1973（昭和48）年の夏のことだった。もちろん「均一周遊券」を利用し、東京から大垣行きの143M 153系夜行に乗車して、普通列車や急行列車などを乗り継ぎ、次の日の夕方に門司に着いた。そこからは門司港に折り返し、今度は鹿児島本線の夜行急行101レ「かいもん3号」に乗車する。翌朝、西鹿児島（現・鹿児島中

矢岳駅に停車中の「いさぶろう3号」。停車時間を利用して、多くの乗客が、散策や記念写真の撮影を楽しんでいる

大畑駅のスイッチバックをゆく「しんぺい2号」。肥薩線は九州随一の山岳路線だ　2012.10.20（2点とも）

央）に到着したあとは、隼人を経由して、肥薩線で人吉へ向かう。家を出てから、ここまで2泊3日の行程だ。大旅行をしたものだと思う。これが今日であれば、羽田から航空機とレンタカーを使用して、出発日の午後の早い時間には目的地に着くことができるだろう。当時はなけなしの小遣いで出かけた旅で、本格的なカメラなど持たず、フィルムだってじゅうぶんに買うことができなかった。だから、そんな貧乏くさい旅が、一生の思い出になろうなどとは、夢にも思っていなかった。

2012（平成24）年に仕事で肥薩線の取材をする機会に恵まれ、人吉駅でホームの端に立った。あの日、朝から夕方まで眺めていても飽きることがなかった駅構内には、雑草が目立ち、側線の数もずいぶん減っていた。駅前に出ても、あの時に何度も入った大衆食堂は姿を消していた。当たり前の話である。あれから35年以上経っているのだから。

気持ちを切り替えて、レンタカーで山道を走る。今はあの時とは違う。自由に時間を使えるし、クルマという飛び道具を使える。デジタルカメラは、無限といってよいほどの枚数を撮らせてくれる。もちろん、だからとい

大畑駅のホームに残る洗顔盆。これも蒸気機関車の時代に活用された設備だ　2012.10.20

❶大畑〜矢岳間の眺望は「日本三大車窓」の1つに数えられている。案内の看板が建ち、列車が一旦停車する　2012.10.21　❷人吉駅を発車する「ＳＬ人吉」。8620形によるＪＲ九州の動態保存蒸気機関車牽引列車　2012.10.19

って、満ち足りた気持ちになどなれるはずはない。今の自分は、あの頃の自分を追いかけているのだろうかと、そんな気持ちになる。それでも良いのだろう。いまならば、あの頃は見逃していたものに、いろいろと気づくことだってできるに違いない。

● 日の光が美しい秋の風景

いつもながらのことではあるけれど、今回もまた、仕事の旅は忙しいものになってしま

った。いまは旅に出る前にじゅうぶんな情報を集めることができるし、現地でスマートフォンを使って撮影ポイントや宿泊地を見つけることだってできる。あの頃のように何も知らない場所へ出かけるのと、情報を集めて効率良く現地をまわるのと、どちらが良いのだろう？　もちろん、前者といいたいところだが、実際には、何も知らずに出かける旅は、後悔することだって多いのだ。先日、山形で

人吉駅の夕景。ここにも古いローカル駅の空気が残されていた。ここをいまより多くの気動車が行き交った時代もあった　2012.10.19

　知り合った趣味の仲間と、昔話をする機会があった。「あの頃の旅には、運命の女性との突然の出会いがあった時のようなときめきがあった」と、そんな話になった。確かに、情報を知り尽くして出た旅には、ときめきは少ないような気もする。もっともインターネットの情報がすべてではないが、現代では、何も知らない所に出かけることは至難の業となっている。

　それでも、現代の南九州の旅は素晴らしいものになった。あの時の憧れだった大畑駅は無人となり、駅構内の外れには給水塔の跡だけが残されていたが、キハ47・140形「いさぶろう・しんぺい」などの観光列車には多くの人が乗り、停車駅のホームには、お土産を売る屋台も繰り出していた。列車にはアテンダントさんが乗務して、観光客の記念写真を撮るサービスをしている。1日に何回「はい、チーズ」とつぶやくのかな？　でも、人々の笑顔と一緒に旅をする仕事は、やり甲斐があることだろう。

　40年程前は真夏の旅だったが、取材で訪れた今回の旅は秋。スイッチバックで向きを変えたディーゼルカーは、エンジンの音を高めながら、傾いた太陽の光を受けて輝くススキの穂の中へと消えてゆく。どこか寂しい気持ちにさせられるこんな風景も、遠い昔には気がつくことができなかった。

　それであれば、これからも列車を使った旅に出よう。あの頃の自分を追いかける旅で構わない。自分なりの楽しみ方ができる時間は、まだじゅうぶんに残っているのだ。

第16話

北陸新幹線と第三セクター鉄道

~新幹線開業で変貌する並行在来線~

金沢駅の夕景。新幹線の開業に合わせて改装されて駅と駅前の雰囲気が一新した 2015.4.2（2点とも）

糸魚川駅には、かつてこの地にあったレンガ造りの機関庫の一部がモニュメントとして保存されている

● 技術者は逃げることをしない

　この数年の間に、いちばん多く通ったのは北陸地方であるかもしれない。もちろん、その焦点には北陸新幹線があった。金沢までの延伸開業を果たしたのは2015（平成27）年3月14日のこと。さまざまな取材はそれ以前の段階から始められていた。私が取材に訪れた建設工事の現場では、開業が遅延するようなことがないよう綿密な工程が組まれ、まさに粛々と作業が進められていた。雪が多い北陸

①開業を目前に控えた頃の黒部宇奈月温泉駅。駅前広場はまだ閑散としていた ②在来線の営業を阻害することなく建設工事が進められた富山駅　2015.1.23（2点とも）③長野駅で発車を待つしなの鉄道の115系。これから北しなの線を妙高高原駅へと向かう　2015.4.2

　地方のことゆえ、大規模な作業は冬が来る前に済ませなければならないこと、既存の在来線との並行区間では、営業列車の運転の妨げにならないよう、現場に建設機械を導入する手順までが、これも綿密な打ち合わせのもとに進められていることなどは、現地を取材するまで気がつかないことだった。

　鉄道の建設工事現場をまわって、いつも強く感じさせられることは、工事に携わっている人たちが、皆想像以上に真摯な考えを持っているということだった。トンネルは24時間体制で掘削が続けられ、それでも年単位の時間を要してようやく完成する。先端の工法の採用によって、事故が起こる可能性は極端に低下している。それでも完成までは、片時も気が休まることのないのがトンネル工事であり、しかしそれが完成したあとには、新幹線電車は数十秒か数分で、そこを抜けてしまう。利用者にとってのトンネルは一瞬窓の外を遮る闇でしかない。「トンネル工事とはそうい

1 折返し直江津へ向かうえちごトキめき鉄道妙高はねうまラインのＥＴ127系普通列車　妙高高原　2 えちごトキめき鉄道日本海ひすいラインのＥＴ122形気動車　あいの風とやま鉄道泊　3 ＩＲいしかわ鉄道521系。日本海沿いを鉄道で走ると、さまざまな車両を乗り継ぐことができる　あいの風とやま鉄道富山

うものです」と、仕事に携わる人たちの口調は穏やかだが、人に抗う自然に対して、時には強い力で向き合い、決して逃げることをしないのが技術者であるということを、何度も認識させられたのだった。

● 新幹線に乗れば、東京まではあっという間

　北陸新幹線の金沢開業後、少し間を置いてから、長野から金沢まで並行在来線を乗り継ぐ取材に出る機会があった。いずれの区間も第三セクター鉄道に転換された路線である。長野のＪＲ出札口で金沢までの通しのきっぷが入手できないことを知って出鼻をくじかれた感のある行程は、その後も思わぬ出来事に次々に出合う旅となった。

　元・北陸本線は、「特急街道」とも呼ばれた幹線だった。けれども、第三セクター鉄道に転換されたあとには、そのような姿はなく、なにより富山方面から新潟に達することさえ、スムーズにはいかなくなっている。新幹線が高崎で二股に分かれ、直江津以西が第三セクター鉄道となり、北陸本線と信越本線直江津以北の結びつきが希薄になってしまったため

糸魚川駅の「糸魚川ジオステーション ジオパル」に保存されているキハ52 156。車内は待合室として利用されている
2015.4.2（4点とも）

であった。私が旅をしたその日も、富山駅の出札口で新潟への行き方を係員と相談していた利用客がいて、もちろん窓口氏は現状のなかから選択肢を提案するしかなかった。その情景は、転換された第三セクター鉄道の乗継ぎを強いられていた乗客の姿とともに、見ていてとても悲しい気持ちにさせられたものだった。少数派の声は、どこにも届くことなく消え去ってゆくのだろうか。

　早朝に家を出て、途中糸魚川駅での1時間半ほどの取材があったものの、そこからはまた普通列車を乗り継いで、金沢に到着したのは日没後のこととなった。なんだか「青春18きっぷ」で旅をしたような気分だった。列車を細かく乗り継ぐ旅は楽しいものだが、ずいぶん時間がかかるものだなというのが正直な感想で、金沢駅に到着したあとは、市内中心部の近江町市場まで散歩に出向く気力もなく、早々に上りの新幹線に乗り込んでしまった。新規開業した区間に乗車するのはこの時が初めてだったが、残念なことに窓の外は何も見えない。それでもあっという間に長野に着き、高崎に着いて、東京に着いたことは覚えている。やはり新幹線の時間短縮効果は相当なものだ。

　2016（平成28）年3月26日には北海道新幹線新青森〜新函館北斗間も開業し、同新幹線の札幌延伸や、北陸新幹線の延伸、九州新幹線長崎ルートの建設も工事が進められている。これらの路線が開通した時にも、ふたたび日本の鉄道地図が塗り替えられることになる。初乗りに出かけた時には、片道は必ず並行在来線に乗っておこうと思った。

鉄道の現場を訪ねたこと

第17話	九州鉄道記念館訪問	78
第18話	運転士はいつも遅刻の夢を見る	82
第19話	船乗りも鉄道員	86
第20話	幸福駅のいま	90
第21話	カレー。この奥深き一品	94
第22話	美味しい駅弁の作り手を訪ねる	98
第23話	雪に埋もれていた土合駅駅舎	102
第24話	人間がカメラに煽られる時代	106

第17話

九州鉄道記念館訪問

～心から鉄道を愛する副館長の日課～

「九州鉄道記念館」で静態保存されているキハ07 41。古い機械式気動車だが、ピカピカに磨き上げられている

2003（平成15）年8月にオープン。門司港駅から徒歩5分の好立地にある九州随一の鉄道博物館だ

● 全国で起こった鉄道博物館ブーム

　少し前まで、日本には鉄道を専門テーマに掲げた博物館はなかった。2006（平成18）年5月14日まで、鉄道を扱った屈指の博物館が東京神田・須田町にあった「交通博物館」であったが、それも鉄道専門とは謳われていなかった。重厚な船舶模型との出合いには心を打たれたものの、そのいっぽうで、もっと鉄道の専門的な事柄を教えて欲しいというフラストレーションが、子ども心にも残ったものだった。

本館1階に設置された「九州の鉄道大パノラマ」。HOゲージレイアウトの上を地元九州の車両が走り回る

だが事情は近年になって大きく変わった。火付け役となったのは、1982（昭和57）年4月に東急田園都市線の高津駅高架下にオープンした「電車とバスの博物館」で、鉄道事業者自らが博物館を開き、鉄道に対する理解を深めてもらうことに意義があることを、広く知らしめたのである（現在は、宮崎台駅に移転）。

今日では各地に鉄道専門を謳（うた）う博物館がオープンし、それぞれ評判も上々である。鉄道への注目度が高まったから展示施設が必要なのか、展示施設があるからこそ注目度が高まるかは、「鶏と卵」の関係のような気もするが、答えは簡単で、後者である。日本以上に鉄道への関心度が高くレイルファンも多いのがドイツだが、彼の国には多くの鉄道博物館があり、あるいは駅のコンコースに鉄道模型のレイアウト（ジオラマ）が置いてあって、鉄道への啓蒙（けいもう）が続けられている。歴史ある鉄道博物館の学芸員一人ひとりの鉄道に対する愛情の深さは日本の比ではなく、ここはまだまだ学ばなければならないことが多い。

そのようななか、日本の鉄道博物館で印象深かったのが、門司港にある「九州鉄道記念

副館長を務める宇都宮照信さん。毎日2時間の車両磨きが、宇都宮さんの日課になっているという 2014.4.20（4点とも）

館」だった。建物があるのは門司港駅を見下ろす丘の上で、博物館として利用されているレンガ製の建物は、明治時代の私鉄・九州鉄道の本社社屋として使用されていたものだ。

クハ481-603は車内の見学も可能。当初はグリーン車として製作され、のちに普通車化改造を受けた車両だ 2014.4.20

1 C59 1は準鉄道記念物に指定されている。現役時代は鹿児島本線も走った九州ゆかりの機関車だ　2014.4.20
2 「九州鉄道記念館」に使用されているレンガの建物は、かつての九州鉄道の本社社屋。門司港駅を見下ろす位置に建つ　2014.5.12

● 静態保存車両が語りかけるもの

「九州鉄道記念館」は、展示物の規模としては埼玉・名古屋・京都などの博物館に及ばないものの、かつての九州鉄道の木造客車が保存されているなど、地域性が尊重されているのが嬉しい。そしてなによりも存在感を発揮しているのが、エントランスの先にずらりと並ぶC59 1以下の静態保存車両たちだ。そのコンディションの素晴らしさは、見ればすぐに解ることだろう。どの車両もピカピカに磨き上げられている。

この博物館を取材する時に、いつも出迎えてくれるのが副館長の宇都宮照信さんだ。かつてはブルートレインの食堂車でコックとし

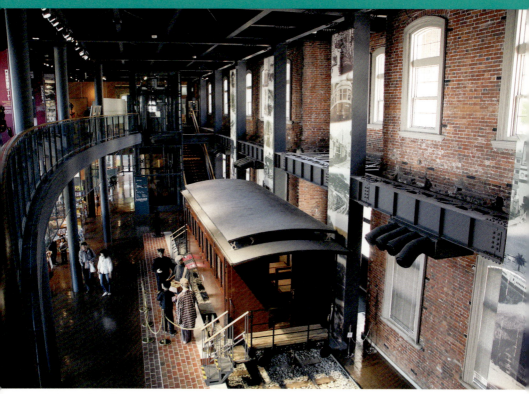

館内のようす。規模は大きくないが元・九州鉄道の客車など、貴重な史料が大切に保存されている　2008.5.12

　て働いた経歴を持つ宇都宮さんは、生粋のレイルファン。いつも取材陣の要望を瞬時に理解し、的確なアドバイスも加えてくれる。そして、数多くの展示車両を毎日2時間かけて磨き上げるのも、宇都宮さんの仕事である。お陰でその姿は現役の時代を彷彿とさせる……といったら正確ではないかもしれない。彼方に見える門司港駅に停車中の現役の車両は、これよりもう少し汚れているように見えるのだから。
　「昔は荒縄を使って磨いたものですが、いまはそんな素材が入手できなくなりましたから、ソフトな金属タワシを使っています」と宇都宮さん。こんなところにも、時代が反映されている。車体を磨き続けていると、車両が違う姿で見えてくるのだという。砲金（銅とス

ズの合金）製のナンバープレートの地は、金色ではなくプラチナ色に輝くのだとか。
　「車両が現役の時代と変わらない姿なので、お客様から、『これ動くのでしょう？』と訊かれることがよくあります。そのような時には『はい。動きます。夜になると勝手に外に走りに行っているようです。でも、朝までには元の場所に帰ってくれています』と答えます」と、宇都宮さん。煙に巻かれた来訪者は、どのような表情をするのだろうか。
　展示車両は、時代を超えて、さまざまなことを来訪者に語りかけるという。お婆ちゃんはこの車両に乗って学校に行った、お母さんは話には聞いていた、娘さんはいまここで見ている、そんなふうに会話が弾むのだという。現役を退いた車両が人と人を繋いでいる。

第18話

運転士はいつも
遅刻の夢を見る

〜乗務員に聞いた現場の苦労〜

懐中時計のカットボディ。時計の心臓部が精密な部品の組合わせによっていることが理解できる　2010.1.26　セイコーミュージアム所蔵

● 理解できなかった明治初期の時間感覚

　交通新聞社新書『鉄道時計ものがたり』を執筆したのは、2010（平成22）年のことだった。この時は、2大時計メーカーの開発担当者にお話を伺い、時計の博物館を訪ね、実際に列車の乗務を担当している現役の運転士、車掌、専門の教育機関で学生を教えている先生たちにお話を伺った。
　やはり、鉄道時計の世界にも大きな時代の波が押し寄せていることを知った。時計とい

うハードウェアについては、これを会社から預かった乗務員一人ひとりが大切に扱うというスタイルは昔と何も変わりなく、乗務を担当する者と助役が点呼の際に時計合わせをすることも変わりない。ただし、時計そのものはクォーツ式のものが主流となっており、時計を預かってから、その職場から異動するまで、時刻合わせをする必要はないほどなのだという。執筆前の調査で、時計の精度が上がった大きなきっかけとなったのが時計の遅れ

近世の日本で使用されていた時計。太陽暦の存在を知る有力な大名などが、西洋式の時計を入手していたという 2010.3.2 セイコーミュージアム所蔵

近世の日本に伝えられた時計には1針式のものもあった。大名によっては、時計の世話をする「時計番」なる役職も設けられていたという 2010.3.2 セイコーミュージアム所蔵

を起因として発生した重大事故であったという記録に出合ったが、クォーツであれば、その時のように時計が5分も遅れることはない。もっとも、現代の列車運行は高度に発達した複数のシステムによって列車の安全が確保されているから、乗務員が携行する1つの時計が遅れていただけで、事故が発生する可能性はないだろう。

クォーツ式の時計にしても、開発された当初は時計1つがロッカーよりも大きかったといい、そのようなものを置こうとするのは、天文台くらいだったという。価格も大衆車より高かったとのこと。この時計を小さく、価格を下げた経緯を調べただけでも1冊の本になる。それでもいくら調べても解らなかったのが、まだ時計を持たなかった明治時代の庶民が、どのようにして「列車が発車する15分前にはステイションに到着していること」という駅の『時刻表』に書いてある規則を守れたのか、ということだった。日本の鉄道が開業したのは1872（明治5）年新暦10月14日。これを記念して「鉄道の日」（1922〈大正11〉年制定当時は「鉄道記念日」）が制定されたわけだが、開業当時の日本はまだ太陰暦を採

文字盤の中央下部に秒針が設置された3針式の懐中時計。秒単位での時間の遵守に鉄道員の心意気があった 2010.1.26 セイコーミュージアム所蔵

東京駅丸の内駅舎の大時計 2013.1.17

用しており9月12日だった。これが太陽暦に移行するのは、鉄道が開業したあとの12月3日のことである。いわゆる「子の刻、丑三つ時」の感覚で生きてきた人たちが、どうやって15分前に駅に着けたのか。「明治までの日本の人々は、欧米人から見るとかなり時間に大雑把だったようだ」という記述と「どうやって駅に行ったのか、どうもよく解らない」という記述に出合った。それぞれの本を書いた人も、調査に苦労したのではないかと思う。

● 複雑なシステムがプレッシャーも生む

　運転士さんへのインタビューも興味深いものとなった。よく知られているように、現代の鉄道はATS、ATC、CTC、そしてさらに複雑に発展したシステムが複合的に列車の安全運行をバックアップしている。単にATSといっても、それぞれ鉄道事業者が独自の改良を加え、「赤信号の手前で警報を発し、列車がこれを冒進すると自動的にブレーキがかかる」というような単純なものではなくなっている。現代のATSは、システム名こそ昔のままとなっているが、その性能はATC、あるいはそれ以上のものに近い、極めて性能の高いものになっているのだという。

技術の進歩によって精度が高められていった時計。現代と変わらない姿に、鉄道員気質が映し出されているかのようだ　2010.3.2　セイコーミュージアム所蔵

　そのようなシステムが列車を監視しているわけだが、運転をしているのは生身の人間なのだから、運転士さんは大変だ。10秒単位での遅延であっても、運転指令にはそれが把握されており、遅延が大きくなると列車無線での確認がある。ラッシュ時に乗客の傘がドアに挟まっただけでも、数分の遅れが発生することはざらにあることだから、運転士さんにはプレッシャーがかかる。乗務員は皆、自分の列車には遅延を発生させたくないと念じるそうで、それは昔も今も何も変わらない。

　乗務員さんは「自分が担当する列車に乗り遅れる夢」「乗るべき列車があるのに体が動かず、列車の運転台に上がれない夢」をよく見るのだという。ある取材の場でその話が出た時に、隣に座っていた広報担当の方が「何だ。お前もか」と言葉を挟んだから、乗務員気質は昔と何も変わらないということなのだろう。

　小海線を旅した時に、甲斐大泉だったか清里だったか、列車交換待ちの時間を利用して、運転士さんに「どうやって時間を守るのですか」と質問をしたことがあった。現代の鉄道運行システムは高度に発達しているが、このようなローカル線では目印のようなものもなく、勾配も続き、無人の駅も多い。そのような過疎の路線での定時運転は大変ではないかと、どこまでも続くカラマツ林を見ているうちに、そう感じたのである。ところが運転士さんは「時計を見るから」と短い返事。そういえばそのとおりである。これは、質問の仕方が悪かった。

第19話

船乗りも鉄道員

～八甲田丸が留める青函連絡船の面影～

いまも八甲田丸の煙突にはJNRの文字が描かれている。連絡船もまた鉄道の定時運転の一翼を担っていたのだ
2011.9.10

青森港の桟橋に係留され、いまも昔と変わらない姿を保っている八甲田丸　2011.5.31

● どの船が良いのか……

　北海道の旅は、なぜあんなに心が弾むのだろう？　現地に着くまでの道のりを楽しめるのも良い。上野駅13番線から始まるのが、北海道の旅だったのだ。だから、北海道には鉄道を使って行きたい。できるのであれば。

　青函トンネルが開通するまで、北海道の旅に欠かせないのが青函連絡船だった。その航路の所要時間4時間は、東京からでも、大阪からでも、必ずどこかに挟まなければならな

船の運航を司る心臓部がブリッジだ。レーダーなどの諸設備も現役時と変わらない姿で保存されている

シートが1脚ずつゆったりと配置された庶民にとっては憧れだったグリーン船室 2011.9.10（2点とも）

い。ほとんどの場合は、限られた時間を少しでも有効に使うために夜行便を利用したから、列車から船への乗り換えが睡眠を邪魔することになるのだが、だからといって、そのルートを変えることはできないし、変えるつもりもない。冬であれば雪がはりついた青森駅のホームには温かい汁物を売るワゴンが出ていて、湯気が立ち上る情景を眠い目をこすりながら見ることもある。それも北海道旅行の一部だったのだ。

北海道に何回も通ったことを自慢するような"猛者"になると、今度は複数が就航している青函連絡船の、どの船がいちばん良いのかを語り出すようになる。恐らくどの船もだいたい同じで、結局は自分の趣味、それも船体の色や、青函連絡船のシンボルマークとして掲げられていたイルカの絵の、どのデザイ

ンが好きかということになるのだが、自説は絶対に譲らない。それもまた、旅の楽しみの1つである。

多くの人が、わが青函連絡船ナンバーワンに掲げていた八甲田丸が青森港の桟橋に係留されて、フローティングパビリオンとなったのは1990（平成2）年7月のことで、函館港に残る摩周丸とともに、あの頃を伝えてくれる貴重な存在となった。トンネルの開通によって青函連絡船が姿を消すときに就航していたのは全部で8隻だったが、その多くが第2の人生を踏み出し、けれども大きな結果を残すことなく姿を消していったからである。

とくにいまの八甲田丸が良いのは、現役時の姿が可能な限り留められていて、「均一周遊券」利用の貧乏旅行者御用達の船底に近いほうにある桟敷席（普通船室）こそ姿を消し

船ならではの、ゆったりとしたスペースが確保されていた寝台個室。左手にベッドルームがある

車両甲板は車両航送を行なう青函連絡船のもっとも連絡船らしい設備。ＤＤ16 31などが留置されている

たものの、機関車や気動車を載せた車両甲板や、当時は憧れの的だったグリーン船室も、そのままの姿で保存されていることである。

●連絡船が列車の遅れを取り戻す

　私も青函連絡船は何度か利用した。初めて仕事の取材で乗船したときは、「この冬いちばんの時化」という日だったから神様もいたずら好きだが、真っ先に「船乗りは酔わないのですか？」という質問を思い浮かべることができた。「仕事で緊張していて、酔う暇がありません」というそのときの答えは、今にして思えば格好が良すぎ、本当はプロでも船酔いすることがあるのだという。ただし、船に乗り続けているうちに体が慣れて、なんともなくなるということである。

　八甲田丸がパビリオンになったあとに、現地でガイド役を務めているＯＢの方に伺った話では、そんな時化の日こそ、機関員の腕の見せどころになるのだという。荒天のときは列車も遅延する。けれども、青森着の列車が遅れたからといって、函館発の列車まで遅らせることはできない。燃費のことを考え、エンジンをいたわりながら回復運転を行なうのだという。洋上には幾つものポイント（航路標識）が設置してあって、そこを通過する時間で船の進み具合を確かめる。出港の時に発生していた遅延を、到着までに解消することができれば理想的。そんな時、青函連絡船の乗務員は、誰もがしてやったりという気持ちになるのだという。もっとも、乗客たちは、誰もそのことには気がつかない。船乗りが心のなかにしまい込むだけのストーリーである。

「だから、私たちも、気持ちのうえでは鉄道員の仲間でした」と、ＯＢたちは当時を振り

青函連絡船が発着する桟橋へは青森駅からそのまま線路が延びていた。その面影はいまも残されている　2011.9.10
（3点とも）

返る。もしできることならば、ホームから続く桟橋から連絡船に乗って、船乗りのそんな気概を偲んでみたいものなのだが。ただしそれは、時化でない日にお願いしたいと、いまでもそう思う。

第20話

幸福駅のいま

～線路のない鉄道名所～

幸福駅跡には、ホーム跡に隣接してキハ22形238・221の2両と、モーターカー1両が留置されている　2009.9.15

●ブームのあとに残された風景

「幸福行きのきっぷ」がブームになった時代があった。NHKのテレビ番組で紹介されたことがきっかけとなり、北海道を走る広尾線にある愛国駅から、同じ路線の幸福駅までの乗車券が、縁起物と見立てられて、爆発的な売れ行きとなったのである。1970年代中頃の話である。

乗車券の売り上げは5億円に達したとも伝えられたが、しかし、慢性的に巨額の赤字を生み出す北海道のローカル線を救済するまでにはいたらず、広尾線は1987（昭和62）年に廃止となった。

私は、ブームの頃の幸福駅の姿を知らない。ブームにあと押しされて北海道のローカル線を1人で旅するには、少しだけ若かったのである。この駅との出会いがあったのは、会社を辞めて独立してから間もない頃で、だから、1990年代の初め頃ということになる。札幌からレンタカーで適当な所を走り、根室まで行

小さな駅舎が残されている旧・幸福駅。1970年代に大ブームが起こった駅の近年の姿。なお、2013（平成25）年に建物は古色を残しながらリニューアルされている　2009.9.16

って人に会うという、かなり大雑把な計画での取材でのことだった。こういう「何をしても良い」という取材が、じつはいちばん苦しい。事前に細かな指示があれば、それに従えばよいのだが、それが決まっていなければ、自分で何かを見つけなければ、記事が成立しないからだ。

　この根室行きの仕事もそうだった。帯広から、なぜ脇道にそれたのかは思い出せない。カーナビなどなかった時代のことだから、単に道を間違えただけだったのかもしれない。北海道の夕暮れの訪れは早く、なだらかに続く丘陵地帯を、心細い気持ちで当てもなく走っていた時のことである。無人の、と形容したくなる丘の一角に、裸電球を灯し続けている小さな小屋があった。だんだん近づいてゆ

くうちに、それがかつての幸福駅の跡であることが解った。電球を灯している小屋は、駅前の土産物店だった。本来であれば、これこそ取材の格好のネタとなるのだろうが、その時はそのような気持ちになれなかった。夕暮れで手持ちでは写真を撮ることができそうになく（フィルムカメラの時代である）、それに、誰もいない所に下りてゆくのも気が引けたのである。鉄道がなくなったのに、お土産物屋さんだけは残っているのだなと、そう思った。

●幸福そうに見える幸福駅

　この幸福駅の跡をある月刊誌の取材で再訪することになったのは、2009（平成21）年9月のことである。道に迷った末の偶然の出会いから20年近くが経過していたが、駅前の土産物店は健在だった。じつはこの駅の跡は帯

旧ホームの入口には鐘が吊るされ、多くの訪問者がその音色を楽しんでいる　2009.9.15

広空港から近く、ブームになった生キャラメルの工場に行くことができる道にも近いので、観光旅行の立ち寄りには好適なスポットとなっているのだった。

20年前には荒廃が進んでいたように見えた駅前広場は美しく整備され、花壇にはヒマワリが咲き誇っていた。ホーム跡の脇にはかつて国鉄で働いたキハ22形や除雪用モーターカ

きっぷブームは遥か昔の話だが、駐車場や花壇が整備された幸福駅跡は、観光スポットとして多くの人を呼んでいる
2009.9.15

ーが並べられ、ここが駅であったことをアピールしている。駅前にある駐車場は観光バスで埋まり、鉄道があった頃のことを知らないはずの若い人が大勢で土産物店を覗いている。1人で店を仕切っている店主さんはてんてこ舞いの様子で「僕は、こんな、キャラだから、大丈夫」と、ぶっきらぼうな口調で、若い女性たちに語っていた。ホームの跡には「こうふくの鐘」が下げられていて、観光バスが到着するたびにしばらくの間、鳴り続けている。それは、いまでもこの駅が、きっぷが売れた頃と同じように、幸福を招くスポットとして愛され続けていることを証明しているかのようだった。

　それでももし、この駅の一画から誰もいなくなってしまったあの時代に、売店までもが

なくなっていたら、この風景を見ることはできなかったのかもしれない。売店がありつづけたからいまがある、そんな気もする。そしてもしも駅にも魂が宿っているのだとしたら、きっと幸福駅はいま、幸福な気分に浸っているのではないかとも思う。

昔と変わらない姿で駅前に並ぶ売店　2009.9.16

第21話

カレー。
この奥深き一品

～カレーライスの食べ歩きを始めたら～

津軽鉄道芦野公園駅旧駅舎。駅舎内には喫茶店「駅舎」が入居し、カレーライスやコーヒーなどを提供している
2012.12.15

●動機は何かを積み重ねてみたいという思い

　SNSに参加することの効用は、序章にも記したようにいろいろなものがあり、もちろんいくらかの弊害もありはするのだろうけれど、最大のものは自身への動機付けがなされることだろうと思う。以前、ライター仲間との旅行会で江ノ島の宿に宿泊したことがあった。皆、東京の近辺に住んでいるものばかりだから、無理に泊まる必要はなく、いや、「こんなことでもなければ、江ノ島には泊まらない」と、無理して泊まったのだった。この時のもっとも近い参加者は藤沢在住で、その気になれば歩いて帰宅できたのではないかと思うが、「江ノ島の朝の富士山はきれいだ」

1 寝台特急「カシオペア」の食堂車のカレー。リッチな欧風の味わいだった　2015.6.23　2「博物館明治村」のカレーの1つ。盛付けに昔ながらの洋食のイメージが再現されている　2015.12.26　3 芦野公園駅「駅舎」のカレー。地元の隠れた名産の馬肉を使った野趣溢れる一品　2012.12.15　4 旧・万世橋駅の跡にオープンしたカフェ「Ｎ3331」のカレー。レイルファンには窓からの眺めのほうが気になりそうだ　2012.12.15　5 兵庫県養父市明延の食堂のカレーうどん。ルーがしっかりと出汁で伸ばされているところは、さすが関西風　2016.5.1

　と、彼がいちばん喜んでいたような気がする。つまり、「こんなことでもなければ」という部分が大切なのである。
　わがＳＮＳによる動機付けの最大のものが、全国でのカレーの食べ歩きだった。きっかけはチャットか何かで、フェイスブックの友人（彼は鉄道カメラマンだ）と、「全国のカレーでもアップしてみよう」という会話があったことだったと思う。ＳＮＳは継続性のあるメディアでもあるから、そこに蓄積ができるのかという、実験的な意味もあった。
　それからは、あちこちへのカレーの食べ歩きが始まった。もちろん、世の中には、カレーであれ、ラーメンであれ、駅弁であれ、研

レイルファンにはお馴染みの東京都目黒区祐天寺「ナイアガラ」のカレーは、鉄道模型が運んで来る

鑽を重ねて完成度の高いデータベースを構築しているネットワーカーがたくさんいる。彼らと競えるつもりはまったくない。あくまでも、個人の楽しみであり、実験である。美味しくないと思ったら紹介しないこと、チェーン店は紹介しないこと、人と一緒の食事の際には原則として、スマートフォンであれ料理の撮影をしないことなどは、自分自身へのルールとした。SNSの波及効果とは自分の知らないところでひとり歩きする可能性があるものだし、なにより人と一緒にいる時は、遊びのための情報収集はしないという気持ちからだった。

● **全国の名物は食べ尽くせない**

こうして、全国でのカレーの食べ歩きが始まった。食べ歩きといっても、それだけのためにわざわざ遠くまで遠征するようなことはせず、地方への取材の折に、面白そうなカレー専門店を見つけたら、その時は積極的にその店を利用するという程度のものとした。

それでも、その気になってみると面白いもので、いろいろと発見がある。いま、全国には一律のサービスを展開しているチェーン店が数限りなくある。ファミリーレストランしかり、回転寿司しかり。お洒落なレストランが、じつは大手外食チェーンの手によるものだと、あとから気づかされることも多い。

このようなチェーン店は、企業人として優秀な人材が集まっているので、成功のノウハウがどんどん蓄積されている。それに対して個人経営の店は大変だ。苦労してなにかを掴んでも原則的に1代限りのものだし、資本を回転させる余裕がないから、先行投資なども難しい。チェーン店との格差は広がるばかりだ。

利用客にも問題があり、結局は自分が知っ

こちらも「ナイアガラ」のカレー。新幹線に乗った「お子様カレー」にも、この店ならではの洒落が利いている。0系のランチプレートは新潟県燕市にある業務用食器メーカー遠藤商事製　2016.2.8（2点とも）

ている店にばかり入り、味の冒険をしない。失敗をしなければ発見もないのは、昼ご飯ひとつとってもほかと同じだろう。神奈川県のみなとみらい線が元町・中華街まで開通した時に、それまでしばらく閑古鳥が鳴いていた横浜元町商店街は、それこそ1夜にして人の波が戻ったが、それでも行列ができている店の多くは、チェーン店だった。それなら、わざわざ元町でなくてもよい。

　カレーの店が面白かったのは、日本人の多くに馴染みがあるほか、個人経営の店がチェーン店に、どうにか対抗できていることで、感心させられたくふう、ちょっとやり過ぎかなと思わされたくふうにもたくさん出合うことができた。地方に出かけた折でも、その地の名物料理に背を向けてカレーに対する時に

は、複雑な思いが去来したこともあったが、それあっての積み重ねである。地方の駅舎のなかにある喫茶店のカレーも美味しいし、「カシオペア」の食堂車のビーフカレーも美味しかった。「あらゆるカレーはだいたい美味しい」と言ったのはコピーライターの糸井重里さんだけども、この真理は、鉄道の周囲にあるカレーにしても同様のようだ。

　1つ、気になり続けていること。この食べ歩きを始める直前に稚内の喫茶店で楽しいカレーを食べた。SNSでぜひ紹介したい一品なのだけれど、その時は写真を撮っていなかった。だから、ぜひ、もう1度、稚内に行きたいところなのだが、カレーを食べるためだけに出かけたのでは、シリーズの趣旨に反する。早く稚内での仕事が来ますように。

第22話 美味しい駅弁の作り手を訪ねる

〜鉄道旅の伴侶の舞台裏〜

肥薩線人吉駅の駅弁「栗めし」。1965（昭和40）年の登場時から変わらないスタイルに納得の一品　2011.10.18

●刻々と変わり続ける現代の駅弁事情

　車両の窓がどれも開かない列車が圧倒的に増え、窓から駅弁を買う楽しさを味わうことはほとんどできなくなってしまったけれど、駅弁の人気は上がるいっぽうである。旅行雑誌が鉄道を特集すれば、駅弁のページが必ずどこかに設けられ、デパートが駅弁大会を開催すれば、連日大入りの盛況となる。見ていると、会場には中高年の人が多く、彼らは駅弁というものにノスタルジー、昔の鉄道の楽しかった思い出を求めているのだと思う。出店する業者の側にしてみると、この期間は大変な忙しさに見舞われるのだそうで、会場での調理、即売を受け持つと、1日の食事は「菓子パンを食べることができれば良いほう」ということになるのだとか。「でも、行列を作っているお客さんの姿を見ると、頑張ろうという気持ちになるのです」という。

　駅弁がコンビニ弁当より価格設定が高いのは、流通コストの差が埋められないためであるといい、それであれば少々高くなっても、きちんとした材料を使って本当に美味しいも

66.7‰勾配区間通過のための補機連結解放作業の合間に、名物「峠の釜めし」を求めて乗客はこぞってホームに降りた 1996.11.13 信越本線横川 写真：交通新聞社

根室本線厚岸駅の「かきめし」。味わいは濃厚で、この駅弁をナンバー1に推挙する鉄道写真家もいるのだとか 2009.1.19

のを作ろう、と考えた結果であると、これは幾つもの駅弁業者に話を伺って、異口同音にそう答えて頂いた。

いまは、駅弁の数は増えているが、それを手がける業者の数は減っているように見受けられる。なにより在来線長距離列車の運転本数が減っているのだから、それも無理からぬ話なのだろう。新幹線と在来線が接続する駅で駅弁を販売しているある老舗にしても、新幹線の開業によって乗客の動きがまったく変わり、観光客だけを相手にしていては商売が成り立たなくなったということだった。そこで、新幹線で東京に通う通勤客が好む朝食向きの駅弁を開発し、残業帰りの夕食となる駅弁を開発した。「新幹線ができることも、良いことばかりではないようです」とは、その老舗の営業担当者の弁であったが、このようなところにも、現代の鉄道が置かれている難しい立ち位置が垣間見える。

● 昔ながらの駅弁に妙味がある

それでは全国のどの駅弁が美味しいのか？という、もっとも根源的な疑問への答えは、結局は個人の好みの問題となってしまう。以前"究極のメニュー"という、漫画の言葉が流行ったけれども、あれと同じで、ひたすら結論の無限延期が続けられているように感じる。だからこそ探訪の旅が楽しくなる。

私が出会った駅弁のなかでいちばん印象的

だったのは、八戸で食した「とりめし（650円）」で、つまり鶏のそぼろがのったごくオーソドックスなものだったけれど、雪のはりつくホームに降りた途端に売りに来たその弁当は、出来たての温かいものだった。そうなると家庭で作るものと同じではないかということになるが、冷たい風のなかで温かい弁当との出合いにどれほど驚かされたことか。それは恐らく南部縦貫鉄道のレールバスを訪ねていった時のことだと思うが、あれ以降、偶然作りたての駅弁に出会ったことはない。そういえば、信越本線横川駅の「峠の釜めし」で有名になった駅弁屋さんも、ヒット作に恵まれる前は毎日のやりくりが大変だったそうで、列車が到着する直前に、ご飯だけは温かいものを詰めて売ったことがあるのだと、そういう話を伝え聞いたことがあった。ただ1個だけ駅弁が売れた時に、走り去ってゆく列車の窓を開けて、温かい駅弁を喜んだそのお客さんが手を振ってくれたのだという。売っ

1上越線高崎駅の「朝がゆ」。早朝に限定販売される幻の駅弁　2012.3.16　**2**長万部駅の「かにめし」。このために函館本線に通う猛者を惹きつけるという駅弁　2009.1.19　**3**東海道本線大船駅の「鰺の押寿し」。これを手土産に東京に向かった鎌倉文士もいた　2008.8.27　**4**信越本線横川駅の「峠の釜めし」。誰もが知る駅弁の王様。この駅弁の完成までには長い苦難の歴史があったという　2012.6.18　**5**横川駅の「峠の幕の内弁当」。池波正太郎は「釜めし」でなく、こちらを選んだ　2011.3.6　**6**東海道本線浜松駅の「濱松うなぎ飯」。駅弁でウナギを扱ったからこそ、ウナギが浜松の名物になったという　2005.6.13　**7**東海道本線豊橋駅の「稲荷寿し」。これも昔ながらの駅弁。皆で分け合って食べられるのも嬉しい　2005.6.13　**8**東海道本線神戸駅の「あっちっちすきやき弁当」。紐を引いて温めるアイデアが味を高めてみせた　**9**山陽本線岡山駅の「祭り寿司」。地元の伝統料理を駅弁で再現。彩りが鮮やかだ　2010.1.18　**10**鹿児島本線折尾駅「かしわめし弁当」。これもまた誰もが知るロングセラーだ　2009.4.6　(写真はいずれも取材当時のもの)

ているほうもそれに手を振って応え、やがて涙が出たのだとか。これも列車の窓が開いていた時代の情景である。

　その横川を訪ねたら「必ず食べたい駅弁がある」とエッセイに書いたのは、食通としても知られた池波正太郎だった。「ただし、それは釜めしではなく、普通の幕の内の方である」と記されていた記憶があるから、念が入っている。どんなに美味しいものなのだろうと、私自身も長野県での取材があった時にくふうをして横川に立ち寄り、幕の内弁当を購入した。釜めしがうず高く積まれている横で、幕の内弁当は、5つくらいだけ積まれていた。私が食した横川の幕の内が、池波先生の時代と同じものであるかは定かでないけれど、味は確かなものだった。次に横川を訪れた時にはその駅弁は消えて、新作駅弁に姿を変えていたけれど、昔ながらの幕の内弁当との再会の日があることを秘かに願っている。

第23話

雪に埋もれていた
土合駅駅舎

〜取材旅行も楽じゃないというハナシ〜

雪に埋もれていた水上駅「SL広場」のD51 745。水上は雪国だった

道の駅「水紀行館」に保存されているEF16 28。現存する唯一のEF16形も深い雪に埋もれていた

● 撮った写真に苦労は写らない

　取材の内輪話を書くのは、じつはすごく難しい。もちろん、書きたいことは山ほどあって、取材先で寒かったこと、暑かったこと、待っていた列車が運用の変更があったのか、来なかったこと。お目当ての列車が来なかったら取材にならないと慌てて編集部に電話したら、担当さんは休暇中だったことなどじつにキリがなく、それだけで1冊……は無理にしても雑誌の特集の何回かはこなせそうに思

土合駅は降りしきる雪で、駅前に停められていた自動車がほとんどスタックした状態にあった

土合駅駅舎内。乗客は数名で山からの帰りらしい人の姿も。無人駅は寂しかった 2015.1.18(4点とも)

う。もっとも、失敗談を公にできないのは当たり前のことである。本の威厳を自らの手でおとしめるわけにはいかない。

　昨年(2015〈平成27〉年)の冬に、群馬県下にある鉄道遺産2カ所を、抱き合わせで取材する機会があった。1つは足尾、もう1つは上越国境である。鉄道関連の取材を自動車利用で行なうことは、もちろん良い面と悪い面がある。それでも、とくに地方に出かける時は、自動車の効率に勝るものはない。この

時もそうだった。足尾と水上を鉄道利用で回っていたのなら1日は余計にかかる。鉄道を利用したいのはヤマヤマであっても、普通列車の運転本数が少なく、接続も良いばかりではないローカル線は、毎日その路線を利用していない人間にとっては、効率良く利用することが難しい交通機関になってしまった。

　足尾での取材を終え、夕暮れの道を、宿を予約した後閑に向かう。上越国境の南側であれば、雪はないはずだという予想は見事に外

水上駅の跨線橋の窓に連なるツララ。雲間から一瞬顔を出した太陽が弱い光を照らした

れ、進むごとに道路の脇の雪が多くなってくる。とうとう雪が舞いはじめた。やっとの思いで到着した民宿も、駐車場は一面の雪に埋まっている。私の自動車はノーマルタイヤだ。（編集部注：沼田以北は元々積雪が多い）
「この場所で暮らすようになって長いのですが、恐らく今晩のこの雪は、明日の朝までに積もります。スタッドレスタイヤでないのであれば、クルマをここに置いて行かれても構

土合駅名物の下りホームへ続く長い階段。階段の途中には、休憩用のベンチが置かれている

いません。帰宅してチェーンを持って来られるなり、いかようにもなさって下さい」宿のご主人は、すっかり心細くなっているこちらの胸中を察してか、穏やかに、いろいろな方法を考えてくれる。ご主人のお話では、ご自身が会社勤めをしていた時代には、新潟県の只見線沿線が、営業担当地区であったという。それは県境のほうではなかったというが、そこが名うての豪雪地帯であることに変わりはない。ある時は、雪のなかで自動車が立ち往生し、会社に戻れたのは午前2時であったという。現状で、こちらの準備が万端であれば笑い話にできるそんなネタも、いまはスリラーである。結局は、夕食だけ頂いて正規の1泊料金を払い、今晩は雪から逃げることにした。取材が終わったらまた来ますと約束をして。

● 雪のなか、列車は定時で動き続ける

ご主人の指示でいちばん雪の少ない道を選

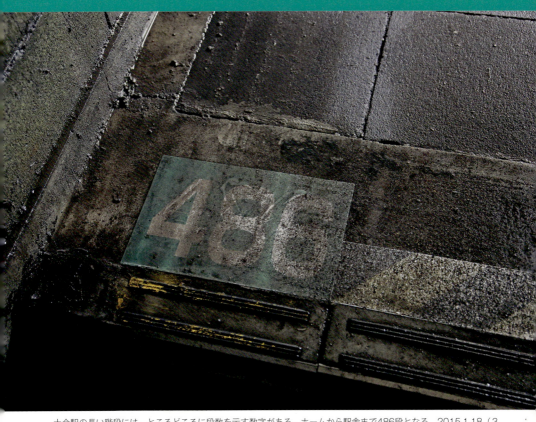

土合駅の長い階段には、ところどころに段数を示す数字がある。ホームから駅舎まで486段となる　2015.1.18（3点とも）

び、関越自動車道月夜野ICに辿り着く。これで家まで帰れる。ところが高速道を走るうちに、今晩は高崎に泊まり、明日スタッドレスタイヤを着けたレンタカーを借りて国境に向かうことが、時間的にはいちばん有利であることに気がつく。パーキングエリアに自動車を停め、スマートフォンで宿とレンタカーを予約する。必死である。

翌日は、朝いちばんに土合駅に向かった。湯檜曽（ゆびそ）を過ぎると、道はもう深い雪のなかだ。昔、水上に勤めていたことがあるという先輩から、冬の水上の厳しさを何度も教えられたことを思い出した。夏は天国のように感じられることがある上越国境も、冬になればその姿は一変し、雪が降りしきる。定時運転を確保するべく働いた国鉄職員の懸命な姿は、その先輩にとっても、一生の思い出だったのだろう。

ようやく辿り着いた土合駅は、雪のなかに埋まっていた。駅前に止まっている自動車も雪に埋まり、簡単には動かせそうにない。埋もれた自動車を動かそうと必死になっているスキー帰りらしいグループもいる。

どうにかレンタカーを停め、土合駅の長い階段を駆け降りる。階段のほぼ真ん中あたりで、電車が近づいて来る音が聞こえた。なんとか間に合いそうだ。これから下り電車に乗って土樽（つちたる）まで行き、新潟県側の様子を撮影しなければならない。深い雪の下で、列車は定刻で動いているのだった。

第24話

人間が
カメラに煽(あお)られる時代

～最新デジタルカメラで狙う鉄道写真～

東京都電荒川線飛鳥山付近で長時間露光を設定。右折車のウィンカーが不思議な写り込みをした　2016.4.8

カラーバランスを敢えてブルーの側に振り、レタッチソフトで赤みを追加した　2015.9.5　江ノ島電鉄江ノ島～腰越

●感性がさらに問われる時代に

　鉄道を対象にした趣味の世界で、この10年、15年の間にいちばん大きく様変わりしたのは、写真の世界だろう。いうまでもなく、その中心にあるのがデジタルカメラで、毎月必ず何かがリリースされている新製品は、そのつどに進歩を遂げている。デジタルカメラが登場した頃に、まずいわれていたことは「動くものは撮れない」というものであった。画像をメモリーに転送するのに時間がかかり、その

これも長時間露光による撮影。ヘッドライトが好みの光跡を描くまで何枚も撮影を繰り返した　2015.9.5 江ノ島電鉄江ノ島

カラーバランスをブルーに設定。1枚ごとにカラーバランスを変え、好みの色を見つけた
京浜急行電鉄戸部付近
2016.4.3

間に動いているものは像が歪む、あるいはシステムの起動に時間がかかり、その間に被写体が別の場所に去ってしまうというのがその理由で、つまり江戸末期に日本にやって来たカメラと似たような事情であった。

それが瞬く間に、「200万画素あるカメラであれば、一応は使える」→「仕事でも使えるが、本当の作品はフィルムで撮りたい」→「デザイナーが嫌がるので、フィルムとデジタルの混用は避けたい」→「デジタルで統一したい」→「フィルムは手間がかかるのでデジタルで」という具合に、出版の現場ではめまぐるしく事情が変化した。もちろん、今でも銀塩フィルムが淘汰されたわけではなく、フィルムならではのテイストを生かした作品作りをしているプロカメラマンもいる。「デジタル画像はきれいだけれども、遠近感が感じられない」と指摘する声もあって、そこにはデジタル画像の物理的な限界が潜んでいるのだが、この問題もいずれは解決されるのかもし

夕焼けを強調するために、カラーバランスを「曇天」にセットして撮影　ＪＲ横浜線新横浜付近　2015.10.8

三脚を目一杯伸ばして撮影。ファインダーは覗けず、すべてカメラ任せ　東京メトロ茗荷谷付近　2016.4.16

れない。いまでは、スマートフォンで撮影した画像が、ある程度は印刷原稿として使えるようになっている。ここで何か書いたことが、次の瞬間には過去の話になり果ててしまうのが、テクノロジーの世界である。

　画像形式をjpeg（デジタル画像圧縮形式の1つ）で記録するべきなのか、ＲＡＷ（非圧縮画像形式の1つ）で記録するべきなのかという問題も、依然として横たわったままだ。先日同席させて頂いた鉄道カメラマンの座談会では「ＲＡＷでしか撮影しない。jpegを同時に撮影すると、それでカメラの画像処理の速度が遅くなる」という見解があったのに対し、その前月に同席させて頂いた新聞社、通信社の報道カメラマンの座談会では、「jpegで撮影した画像で写真集を発行している」という言葉があって、どちらをチョイスするべきなのかは、結局は用途と個人の判断というところに落ち着いてしまう。各自が常に技術の進歩に目を光らせているということが、い

カラーバランスの変更なし。ISO3200での撮影。フィルム時代は難しかった高感度が使えるようになった　JR新横浜　2016.3.23

ちばん大切であるのかもしれない。

●フィルム時代への変わらない憧れも

　撮影現場の雰囲気も大きく変わっている。とくにアマチュアの世界の進歩が速い。ホームに923形"ドクターイエロー"が入線して来るや、真っ先にスマートフォンを掲げてホームの端へ急ぐのはお母さんたちである。先にも記したように、いまやスマートフォンの写真から印刷ができる時代。プロの世界でも通信を利用した原稿の受け渡しは当たり前で、それこそがデジタル写真の真骨頂でもある。「取材現場に行ったら作品はメールで送って。貴方は帰って来なくていいから」と言い合っていた冗談が、いまや冗談でもなんでもなくなり、そのような体制に対応できるかどうかもプロにとっての資質になる。

　北海道で美瑛(びえい)の丘を撮り続けていた故・前田真三(しんぞう)(風景写真家、1922～1988)は、車にカメラをのせてただ走り回り、撮影済みのフィルムだけをラボに郵送していたというから、現地から帰らないことこそが理想の撮影方法なのだろう。もっとも、氏が使っていたカメラは大型カメラであったから、一枚一枚の撮影には時間がかかる。カメラバッグを降ろしてから最初のワンカットのシャッターを切るまでに小一時間要することもあるのが大型カメラで、今日のような速写はできない。一枚一枚をじっくりと撮っていた時代に、少しだけでもあと戻りしてみたい気はする。シャッターを押せば写るというわけにはいかなかった面倒な時代には、撮影の手順を踏むという楽しさがあった。

地域の活力をもらったこと

第四章

第25話	大井川鐵道に通う	112
第26話	天竜浜名湖鉄道で「国鉄」の旅を	116
第27話	小さな駅の売店が鉄道を変える	120
第28話	若桜鉄道は花盛り	124
第29話	トレンドになったレストラン列車	128
第30話	「一円電車」の復活に賭ける人たち	132
第31話	甦れ！ 蒸気機関車	136

第25話

大井川鐵道に通う
～生き残りを探るローカル私鉄～

日本に現れた「きかんしゃトーマス」に、子どもも大人も、大喜び　新金谷

●「きかんしゃトーマス」が駅前を賑わす

　静岡県を走る大井川鐵道で「きかんしゃトーマス号」の運転が開始されたのは、2014（平成26）年7月のことであった。日本でもテレビ放映されてすっかり有名になったメルヘンの世界が、現実に登場したのである。それはこの物語の価値をさらに高めたいとする代理店の思惑と、夏の期間に新しいキャンペーンを展開したいとする大井川鐵道の思惑が合致したものと教えられたが、大井川鐵道のC11形に、本当に顔がついてしまったのには驚かされ、そこには関係者の本気が垣間見えたのだった。
　「機関車が青くなったら、撮りには行かない

新金谷駅に停車中の「きかんしゃトーマス号」。熱心に写真を撮る大人たちに視線を投げかける

客車も物語のイメージに合わせて塗色変更を実施。地方私鉄の新しい目玉商品が生み出された
2014.7.2（3点とも）　崎平〜千頭

でしょ」と、シニカルな物言いが好きなレイルファンは、この企画には飛びつかなかったようだが、取材のため、現地を訪れた時には驚いた。それは大井川本線だけでなく、井川線の現状もチェックしておこうと、「きかんしゃトーマス号」の運転開始後2回めに現地を訪れた時のことである。

このような企画は、華々しいスタートを切っても、だんだん集客力が減退してしまうことが多い。けれども、その時の大井川鐵道は、観光客で溢れかえっていたのである。自動車を利用して千頭に到着し、駅の近くにある「道の駅　奥大井音戯の郷」に入ろうとしたところ、これが満杯。誘導員さんの話では、

アプト区間を行く井川線の列車。日本の鉄道最急勾配となった区間。もちろん、車窓風景は素晴らしい　2014.8.24
アプトいちしろ〜長島ダム

　井川線の川根両国駅の先に特設の駐車場があるから、そちらに回ってほしいのこと。そこから千頭まではシャトルバスが運転されているという。

　大井川鐵道の、千頭まで来てシャトルバスに乗ることになるとは思わなかった。当日は、千頭駅の一帯でトーマスのフェアが開催されることは知っていたけれど、まさかの出来事だった。ちょうどお昼どきだったのでのぞいたら、3軒ほどある駅前の食堂も、見事に満員だった。これももちろん、トーマスフェアのなせる業である。その人の多さには驚かされたのだけれども、全国を旅していて、人がいなくなり寂れてしまった街や駅の姿ばかりを見せられていたから、この大混雑は嬉しかった。生粋のレイルファンだけでは、とても

こういう情景を生み出すことはできないはずである。否、できるはずがない。

　物語の原作者、ウィルバート・オードリー（1911〜1997、英国）が『汽車のえほん』第2作めとして『機関車トーマス』を発表したのは、1945（昭和20）年のこと。自らの作品が、その70年後に、地球の裏側にある島国の、深い山のなかにある食堂を満員にすることを、氏も想像できなかったはずだ。

●現地を訪れることにさまざまな楽しみが

　千頭を起点に、さらに北へと延びているのが井川線だ。元々は電源開発を目的として建設されたこの路線は、利便性の向上を図って大井川鐵道に運行が委託された。沿線は「超」の字がつけられる過疎地帯であるが、沿線住民の足を確保するために運転が続けられてい

2016(平成28)年6月には、急行「はまなす」に使用され引退したばかりの14系が入線。改造を受け営業運転に使用される　2016.6.15

　る。
　この井川線にアプト式鉄道が誕生したのは、1990(平成2)年10月のこと。長島ダムの建設に伴い、井川線の線路を移設する必要が生じ、いくつかあった選択肢のなかから、アプト式鉄道の建設がチョイスされた。そして、山肌に沿って急勾配を登る新しい線路と、ダム湖の湖面の上にホームが造られた新駅奥大井湖上駅が誕生。新しい観光名所として、訪れた人を喜ばせている。
　もちろん、喜ばせられているのはこちらも同じで、近年はずいぶん頻繁に大井川鐵道に出かけるようになった。お陰で撮影ポイントに向かう道、コンビニエンスストアの場所を覚え、新金谷駅の駅舎内で売られているアイスクリームも、何種類も食べることができた。

先日は同行の友人に、山椒の粉をかけて食べるウナギ味のアイスクリームをご馳走しようとしたところ、お店の女性から、よりクリーミーなテイストの新商品を薦められ、確かに美味しかった。そして友人からは「次の機会にこそウナギのアイスを」という提案も受け、改めて大井川鐵道に行かなければならないということになったのである。
　目下、大井川本線では、老朽化が進んだ客車の代替を図るため、2016(平成28)年3月までJR北海道の急行「はまなす」で使用されていた14系客車(座席車)の譲渡を受け、リニューアル工事を進めている。この工事が済んだ頃に、友人と一緒にウナギのアイスクリームを食べることができそうな気配である。

第26話

天竜浜名湖鉄道で「国鉄」の旅を

～積極的に鉄道遺産を保存する第三セクター鉄道～

天竜二俣駅の転車台。気動車の扇形庫への収容に使用されている立派な現役の施設だ　2011.4.15

天竜二股駅のホーム。ゆったりと長く造られたスタイルに国鉄時代の面影が宿る　2011.4.16

●遠い昔の鉄道旅行の記憶

　私にとって、「国鉄二俣線」は、不思議と縁の遠い存在だった。国鉄制式蒸機の晩年、この路線にはC58形蒸気機関車が残っていて、貨物列車の牽引に当たっていた。万能機とも称された中型のこの機関車は、形態的には魅力に乏しかったものの、国鉄蒸機の最晩年まで多数が残っていたD51形に飽きてしまった目には新鮮で、静岡県下という二俣線の立地も、関東からの探訪には好適だった。それで

天竜二俣駅に残る運転区事務室。かつては全国の主要駅で、このような建物が使用されていた　2011.4.15

三ヶ日駅駅舎は木造駅舎ながら、やや変則的なスタイル。ここも有形文化財に指定されている　2013.4.15

　も、近年までこの路線を訪れたことがなかったのは、ここまで足を延ばすのであれば、もうひと頑張りして飯田線に行こうであるとか、静岡ならば大井川鐵道だってあるというような気持ちに、そのつどさいなまれたからであって、つまり巡り合わせがこなかった。

　そんな"元・国鉄二俣線"、つまり天竜浜名湖鉄道が、近年になってとても魅力的な存在になってきたのである。それはこの鉄道が、国鉄時代に造られた多くの建造物を保存の価値のある文化遺産と捉え、積極的な保存と、そのPRを展開したためである。これだけの遺産が残った最初の直接的な理由は、施設を撤去する予算がなかったから、と鉄道会社の人は笑っていたけれども、全線に36件もの登録有形文化財があるのだから、これは立派なもので、まさに生きた鉄道博物館といった趣を呈している。

　いまは中年以上になった年齢層の人であれば、若かりし日に全国を旅した経験があるに

1 三ヶ日駅駅舎に掲げられたハンバーガーショップの看板　2013.4.15　**2** 三ヶ日駅で楽しめる「三ヶ日バーガー」は本場のスタイルさながらのボリュームが魅力　2013.4.16　**3** 天竜二俣駅では鉄道遺産見学のツアーが毎日実施されている。所要1時間のミニトリップだ　2011.4.15

違いない。その頃の旅の主役は鉄道で、今日のような自動車、航空機ではなかった。まだ自動車専用道は少なく、航空機は運賃が高かった。さらにその当時は、あらゆる駅前にリーズナブルなビジネスホテルが建っているわけではなく、だから夜行列車を利用することで夜明かしができる鉄道は、予算の限られた旅にはうってつけだったのである。地方まで出向くと、列車の運転本数は少なくなり、どこかうらぶれた雰囲気の駅で、乗換え列車を待つ長い時間を過ごさなければならないことも、しばしばだった。だから、国鉄標準とでも形容したくなる独特のデザインの木造駅舎や、地方の駅の、運転される列車編成両数に比較して妙に長いホームの姿が、いつまで経っても記憶に残っている。

●沿線の随所にさまざまな楽しみが……

　天竜浜名湖鉄道は、国鉄二俣線を転換して生まれた第三セクター鉄道だが、国鉄時代に建てられた施設を数多く残していることはす

奥浜名湖畔を走る天竜浜名湖鉄道のＴＨ2100形。沿線の随所に魅力的な風景が広がる　2011.4.16
都筑〜三ヶ日

でに書いた。現在、動いている列車は近代的なスタイルのＴＨ2100形気動車などの短い編成だが、駅の施設は、蒸気機関車が貨物列車を牽いていた頃の規格で造られており、だからどの駅も構内はゆったりと広い。蒸機の時代に使われた給水塔が残されている駅もあり、国鉄の時代から運転の中枢となっていた天竜二俣駅にはターンテーブルや機関士・機関助士のための浴場も残されていて、これらの施設を見学できるツアーが毎日設定されている。このターンテーブルは現役で、載せられるのは気動車ではあるが、タイミングが良ければ稼働するシーンを見ることもできるだろう。

　途中の西気賀駅には洋食店が入居し、窓からホームに発着する列車を眺めていると、遠い昔に利用した食堂車や「日本食堂」にいる気分を味わうことができる。ここも登録有形文化財の1つだ。主要駅の1つである三ヶ日駅は、木造の駅舎がやはり有形文化財に登録されているが、駅舎内にはハンバーガーショップ（チェーン店ではない）が入居していて、本場顔負けのボリュームたっぷりの料理を出してくれる。国鉄時代には考えもつかなかったような、そんな新しいサービスを随所で楽しめるのも、この鉄道の大きな魅力となっている。すべての遺産、天竜二俣駅の見学ツアー、西気賀駅や三ヶ日駅のブランチを1日のうちに楽しむことはできないので、いっそ泊まりがけの旅にするのが面白いのかもしれない。なんだか国鉄を使ってどこか遠くに出かけた時を思い出した。

第27話

小さな駅の売店が鉄道を変える

～新しい魅力を創出する由利高原鉄道～

鳥海山麓に広がる田園のなかを走るＹＲ-2000形。第三セクター鉄道に転換されて2016年で31年が経過した
2014.5.3　曲沢～前郷

下校時間の列車内。まるで学校の延長のような雰囲気。
これも鉄道ならではの光景といえるだろう　2014.5.2

● 目立たなかった国鉄時代の矢島線

　秋田県を走る由利高原鉄道が、国鉄から第三セクター鉄道に転換して新スタートを切ったのは、1985（昭和60）年10月のことだった。その頃は、国鉄の最末期で、国鉄再建法（日本国有鉄道経営再建促進特別措置法）に則り、毎月のように全国のローカル線が廃止されていった。由利高原鉄道の前身である国鉄矢島線は、秋田県南部の穏やかな田園風景を走る路線であるが、早い段階で車両の近代化が済

新しい矢島駅駅舎は2000（平成12）年に使用を開始。本社施設も駅舎内に設けられている 2014.5.2

矢島駅で発車を見送る由利高原鉄道ゆかりのスタッフたち　2012.5.1

まされるなど、個人的には趣味的な魅力があまり感じられず、探訪が後回しになっていた路線だった。矢島線の廃止と、第三セクター鉄道への転換も、「限りなくある赤字路線の廃止と転換の1つ」くらいにしか捉えてなかったことも事実だった。

　そんな由利高原鉄道の位置づけが、がらりと変わった。それは2011（平成23）年6月のことで、きっかけは友人からの1本の電話だった。

　「春田さんが鉄道会社の社長になったよ」と電話口の友人は、さらりと言った。「え？何それ」と、私の答えもさらりとしたものだったと思う。この友人とは3回にわたり、

矢島駅の売店で働く佐藤まつ子さん。まつ子さんとの会話を楽しみにこの鉄道を訪れる旅行者も多い　2014.5.2

　中華人民共和国に前進形蒸気機関車の写真を撮りに行ったことがある。そのうちの1回のツアーに添乗員としてついてきたのが、現・由利高原鉄道社長の春田啓郎さんである。

　自身も鉄道が好きで、だからこそ酷寒の冬の中国行を共にした春田さんだったけれど、それが突然、鉄道会社の社長になったというのだから、訳が解らない。聞けば第三セクター鉄道の社長の公募があり、応募されたのだという。

　それからは、由利高原鉄道への注意の仕方が変わった。車両の動向ひとつも気になるようになり、「トワイライトエクスプレス」「カシオペア」の取材（30・34ページ）を一緒にしたテレビ番組の撮影クルーが由利高原鉄道を訪れるという話を聞いた時には、ぜひとも と同行を願い出た。

● 年に1度は通うようになった路線

　「この鉄道には、売店にまつ子さんがいらっしゃいますので紹介します」と、現地で合流したディレクターのKさんが笑顔で話す。すぐに連れていかれたのは、矢島駅の駅舎内にある売店で、ここで店を構えているのが佐藤まつ子さんだった。聞けばまつ子さんは、青森県の大間の出身で、結婚後に秋田に移ってきたという。いまはこの売店でほぼ毎日を過ごしている。「こんな小さなお店で、どれだけ儲かるものですか」とまつ子さんは笑うが、それではなぜ、お店を続けているのですか？と問うと、「駅を暗く、冷たいものにしたくなかったから」という答えがすぐに返って来た。まつ子さんは、列車でやって来たお客さ

由利高原鉄道の愛称名は「鳥海山麓線」。魅力的な眺めを随所で楽しむことができる路線だ　2012.5.1　前郷〜久保田

んにお茶をふるまい、列車が出発する時にはホームに出て見送りをする。列車の合間も、相手を見つけては笑顔で話しかけ、取材でやってきたKさんのチームとも、あっという間に仲良くなってしまった。いまや矢島駅は、まつ子さんの存在なしには語れないという雰囲気となっている。

　全国のローカル線の多くの駅から、駅員さんの姿が消えて久しい。けれども往年の駅には、必ず駅員さんがいて、そこに乗客との触れあいがあったからこそ、駅は人々の心の拠り所となっていたのだ。懸命に働くまつ子さんの姿を見ていると、合理化という名の下で私たちが失ったものが、いかに大きなものであったかに気づかされる。

「赤字の問題は切実で、これを解消する特効薬はないと感じている。けれども、負のスパイラルはどこかで断ち切らなければならない」と、春田さんが話す。そのようななかで、貸切バスの運行の開始など、由利高原鉄道による新しい動きが芽吹いている。きっとこれからも、いろいろな試みが繰り返されてゆくのだろう。

　まつ子さんとの別れの挨拶には、必ず「また来て下さいね」というひとことがつけ加えられる。考えてみれば、この数年間、毎年1回は矢島を訪れているのは、この挨拶のお陰かもしれない。国鉄時代には考えられなかったことだ。

　と、ここまで書いて、今年はまだ矢島に行っていないことに気がついた。なんとかしなければ……。

第28話

若桜鉄道は花盛り

～若桜鉄道に見る活性化策～

C12 167を先頭に若桜駅で発車を待つする実験列車。社会実験としての蒸機列車の運転が大きな反響を呼んだ
2015.4.11

いかにもかつての国鉄ローカル線の終着駅らしい造りの
若桜駅駅舎　2015.5.13

●汽車を見るために1万5000人が集まった

　若桜鉄道は、国鉄若桜線を転換して1987（昭和62）年10月に開業した第三セクター鉄道だ。JR因美線の郡家駅から分岐して、若桜までを走る。全線19.2キロの路線は、全線鳥取県内を走るが、当初の計画は、県境を越えて兵庫県八鹿町（現・養父市）に至るというものであった。しかし、建設工事は若桜までで終わり、山間部に「盲腸線」が残された。それは典型的な国鉄の赤字ローカル線だった。

2015（平成27）年4月11日。若桜鉄道の沿線には1万5000人もの人が繰り出した

C12 167「社会実験」の出発式。第三セクター鉄道の公募社長、国会議員など大勢の関係者が参列した
2015.4.11（2点とも）

　第三セクター鉄道として再スタートを切った若桜鉄道は、2014（平成26）年9月に変革の時を迎える。公募によって、新社長に山田和昭（かずあき）さんが就任したのである。
　いすみ鉄道、由利高原鉄道などの公募社長が在籍する第三セクター鉄道と同じように、

線路閉鎖で走らせる列車には乗客を乗せることができないため、代わりにたくさんの案山子で雰囲気を演出した
2015.4.11

　山田社長が就任した若桜鉄道でも、さまざまな活性化策が積極的に展開された。その白眉(はくび)ともいえるのが、2015（平成27）年4月11日に行なわれたC12形の本線走行で、これは若桜駅構内で保存されていた蒸気機関車を、当日に全線の線路閉鎖をかけて本線上を走らせるというものであった。線路閉鎖とは、特定の区間を使用停止扱いにするもので、通常は工事や保線車両の運転を行なう際にとられる一時的な処置である。若桜鉄道では、この処置によって、静態保存されていた機関車を本線上で走行させたのだった。ただし、この処置を行なう際には、列車に乗客を乗せることはできないことから、運転は「社会実験」と銘打たれ、機関車に牽かれる客車には案山子(かかし)が乗せられて雰囲気の演出がなされた。当日の朝に若桜駅で挙行された出発式には、この地域を地盤とする代議士も参列し、テープカットした。地元の金融機関の協力を得て行なった調査では、当日には1万5000人の人出があったとされ、これは当初の目標を悠々とクリアするものであった。沿線の各駅には、汽車を見ようという地元の人が溢れていた。暗い話題が多い地方鉄道の世界に、久しぶりに生まれた明るい出来事に、地元が沸き返ったのである。

●たくさんの旧知に出会うことができた若桜駅

　この時には『鉄道ダイヤ情報』S編集長からの取材執筆依頼を受けて、2度、若桜を訪ねることができた。社会実験の運転が行なわ

「社会実験」が終わった夕刻。満開のサクラがこの地を訪れた人々の心に、静かな余韻を与えてくれていた
2015.4.11　若桜

れた日は快晴で満開になったサクラの花が、柔らかい春の日差しのなかで風に揺れていた。駅前には屋台や、ゆるキャラなどが大勢繰り出し、若桜鉄道の再出発を祝ったのである。報道陣のなかには、私とは旧知の者もいた。「何しに来たの？」「何でここにいるの？」などと、こういう時の挨拶は、みな口が悪い。同窓会のようなものだろうか。けれどもそれは私たちだけのことではなく、久しぶりに出会ったレイルファンどうしなども、そんな軽口を言い合いながら、再会を喜んでいたのだった。人が集うことに喜びがあるということを改めて知る機会となるのが、こういうイベントのいちばんの価値なのだろう。

　その後若桜鉄道からはさまざまな情報を届けて貰えるようになった。毎月のように新しい行事が開催され、それは構内運転の実施といったレイルファン注目のものもあれば、駅での新商品の販売開始といった小さなものもあって、色とりどりではあるのだけれど、なにより、その多彩さが、期待感を高めてくれる。思えば、国鉄の時代や、第三セクター鉄道の発足直後には、鉄道会社自らがここまで積極的に情報発信したことはなかった。それが時代なのだといえばそれまでだが、今日でも情報発信には熱心でない鉄道事業者もあるのだから、その差は歴然としている。私の家から若桜は近くないから、頻繁に通うことはできないけれど、届き続ける便りを見ていると、それだけで再訪の念に駆られる。

第29話

トレンドになった
レストラン列車

～いすみ鉄道イタリアン列車奮闘の舞台裏～

いすみ鉄道を走る「レストラン・キハ」。国鉄型気動車キハ28形＋キハ52形の姿が見事に復元されている　2016.5.7 国吉

● **第三セクター鉄道ではじまった新たなチャレンジ**

　千葉県を走るいすみ鉄道も、廃止となった国鉄木原線から転換した第三セクター鉄道で、公募によって鳥塚亮さんが社長に就任してから、大きな活性化が果たされた。次々に打ち出された活性化策のなかで、最近のヒットが「レストラン・キハ」の名で2014（平成26）年5月から開始されたレストラン列車の運転だ。現在は、週末に地元イタリアンレストランのオーナーがシェフを務める「イタリアンクルーズトレイン」が毎回満席になる活況を

「レストラン・キハ」の車内は天井から吊るされたポスターも昭和時代のものという徹底ぶり　2016.5.8

呈し、それとは趣向を変えた和食コースの提供や、列車を居酒屋に見立てての運転も随時行なわれ、これも好評を博している。

　レストラン列車といっても、車内に厨房設備があるわけではない。地上で調理されたものを、細心の注意を払って保温し、列車が停車している時間にスープやワインを提供することで、料理のクオリティーが確保されているのである。

「昔は全国で食堂車が運転されていて、鉄道旅行の大きな楽しみとなっていた。そのことが見直されて、近年は列車内で食事を提供する所が増えてきたけれども、単にお弁当を出すだけと捉えているところもあるように感じた。それであれば、いすみ鉄道では本物をお出しして、お客様に満足してもらおうと。そ

う考えたのが、私がレストラン列車の運転を思い立ったいちばんの理由です」と、鳥塚社長がレストラン列車導入の経緯を説明する。イタリアンクルーズトレインはインターネットからの予約制。現在はほぼ3カ月先まで予約が埋まっているほどの盛況ぶりだが、料金は運賃込みで1人1万5000円をオーバーするから、安いとはいえない。

「もちろん、コースの料金を下げることは簡単にできます。それではコース料理を3000円なり4000円なりで提供して、それで本当の満足が得られるものでしょうか。それは解りません。それであれば、少しだけ値が張ったとしても、たとえばお客様にとっての記念日などに来ることができる価格設定として、お客様も料理の作り手も、どちらも満足できるも

「イタリアンクルーズトレイン」のシェフを務める池田征弘さん。地元のイタリアンレストランのオーナーシェフでもある

酸味がアクセントのジェラートを中心にしたデザート

メインディッシュは、ワサビクリームソース仕立ての大原産伊勢エビ

のをお出しできるようにするべきではないか。そう考えて、コース全体が設定されているというわけです」と鳥塚さんは説明する。

● 列車内の料理のソースは粘度の高いものに

　このイタリアンクルーズトレインで、調理を担当しているのが、地元の茂原市内にあるレストラン『ペッシェ アズーロ〜青い魚〜』のオーナーシェフ池田征弘さんだ。鳥塚さんの講演を聴き、自分にも地域活性化の手伝いができるはずと、自らレストラン列車運転の企画に参加した。いわばいまはお店と列車、二足の草鞋を履くことになった格好だが、だ

上総中野駅で折返しを待つ「レストラン・キハ」。多くの人が思い思いのスタイルで列車の旅を楽しんでいた
2016.5.8（4点とも）

からといって生活が激変するようなことはなかったという。
「もちろん、列車内では火を使うことができませんから、調理にはくふうが必要です。列車に乗る直前まで調理を続けて、お客様にお出しするタイミングを考えて保温をする。くふうしているのは調理のタイミングだけではありません。料理に使用するソースは列車が揺れることを考えて粘度の高いものにしておくであるとか、やはり列車が揺れることを考えて、立体的ではなく平面的な盛りつけにすること。写真に撮っても見栄えがするように、真上から見ても、きれいに見えるような盛りつけにするなど、色々なくふうをしています」と、池田シェフ。前例のない運転であっただけに、ノウハウを確立するまでには多くの苦労があったと池田シェフは笑う。ある時お客さんが深呼吸のために途中駅でホームに降りたばっかりに列車から置いてきぼりになり、タクシーで列車に追いついたあとにコースの続きを楽しんだことがあったというから、思わぬ苦労があるのは、料理を作る側だけではないということかもしれない。

いすみ鉄道では、新しいメニューを提供する列車の運転が企画され、池田さんも都内に自身の料理を提供できるスポットを探し始めているなど、企画は次のステップに進みつつある。いま、各地に車内で食事を楽しめるレストラン列車が登場している。いすみ鉄道での成功が、さまざまな新しい動きを作り出している。

第30話

「一円電車」の復活に賭ける人たち

～明延の明神電車で始められた町おこしのこと～

復元された「一円電車」の客車はかつて実際に使用されていた車両。春から秋にかけて月に1回運転が行なわれる
2016.5.1

明延地区では、「社宅」が改修されて保存され、資料展示や小学生の体験宿泊などに使用されている

● 最盛期には数千人の人が住んだ鉱山の町

　兵庫県養父市明延。この地名だけを聞いても、それがどこにあるのか、すぐに地図を指さしてみせるのは難しいかもしれない。山陽本線から行っても、山陰本線から行ってもだいたい同じくらいに思える、つまり兵庫県中央部の、それだけ深い山のなかにある小さな町である。

　昭和の中頃までは、ここに多くの人が住んでいた。鉱山があったからだ。明延で産出さ

体験坑道の構内には鉱石運搬に使用された線路跡が残る（要予約　☎079-668-0258）　2016.5.1（3点とも）

れたのは、銅、スズ、亜鉛、タングステンなど。古く平安時代には採掘が開始されたというから、その歴史は長い。最盛期には4000人以上が鉱山関係の仕事に就いていたといい、これだけの人が集うようになると、町のなかにあらゆる施設が造られ、何人もの芸能人も町を訪れるようになる。深い山のなかに、文化、経済の中心地が出来上がるのである。

選鉱所が山1つ隔てた神子畑に造られ、1912（大正元）年には、鉱石を運搬するための軌間762㎜の軌道も開通して、この鉄道は明神電車の名で親しまれた。そして1952（昭和27）年からは、鉱山で働く人とその家族を料金1円で運ぶようになり、「一円電車」の名前で有名になる。明神電車は明延の繁栄の象徴ともなったのだが、鉱山は1987（昭和62）年3月に閉山となり、明神電車も廃止される。「ヤマ」がなくなれば、そこには仕事がなくなり、人の姿も消えてゆく。それは鉱山の町の宿命ともいえた。明延に住まう人は100人を切るようになってしまった。

●明延の明延らしい姿を残したい

　私が明延を最初に訪れたのは、2010（平成22）年11月のことで、「一円電車」を復活させ、町を活性化させようという動きをある月刊誌で紹介するのが目的だった。

　当時の坑道も一部が保存され、体験コースが開設されている。「地下にはまだ多くの資源が残っているのです」と、保存運動の中心的役割を果たし、私を坑道に案内してくれたNさんが、そう教えてくれた。「それではまだ資源を得ることはできるわけですね。採算

静態保存されている「あかがね号」。鉱山関係者の移動に使用された立派な「電車」だ　2016.5.1

❶鉱石の運搬列車が編成を組んだ姿で保存されている　2016.5.1　❷こちらは明延のほぼ中央に保存されている「しろがね号」と電気機関車

面はともかくとして」と私。「いや。人間が高いコストをかけて地球を空っぽにする時代は終わりました」とNさんが答える。狭く、暗い坑道のなかで聞いただけに、その言葉には重みがあった。

　募金をし、「一円電車」を復活させる運動もはじめられたが、希望していた額には遠く及ばず、けれども預かった大切なお金は有効活用しなければならない。そこで町の中心に企業から土地を借りて、70mだけ線路を敷いた。中古のバッテリーロコ（小型の蓄電池機関車）を購入し、これに牽かせる客車は、かつて実際に使われたものだ。春から夏にかけて月に1度、復活運転がはじめられた。乗車料は無料。乗車に際して寄付があると良い。それはもちろん1円でも構わない。

保存運転は乗車料金無料で寄付は受け付ける。大きくなってもこのちっちゃなでんしゃを覚えていてね　2016.5.1（4点とも）

　そんな明延を再び訪れたのは2016（平成28）年5月のこと。特別な目的があるわけではなかった。ただ、あのときお世話になった人にもう1度会い、明延がどう変わったのかを見てみたかった。Nさんが急に亡くなってしまったことは電話で聞いていた。ヘリコプターで病院に運ばれたが、間に合わなかったのだという。

　「一円電車」は6年前と変わらない姿で健在だった。スタッフの数も増え、保存運転が始められたときは、これを疑問視していた一部の町の人も、いまでは月1回の運転日を楽しみにしてくれるようになったという。この日は公民館が臨時の食堂となり、うどんやおにぎりが提供される。線路が敷かれた広場ではミニコンサートも開かれ、生演奏が聴けるようになった。体験坑道にも多くの人が来るようになり、何班にも分かれた人たちが順番に見学コースを辿るようになった。

　「私たちがめざしているのは、『一円電車』で人を集めることではありません。明延が明延らしい姿であることを若い人たちに伝えたいのです。最終的には雇用だって創出したい。いまは、そのための道を造っている最中なのです」

　明延で保存運動に携わっている人たちは、異口同音にそう語る。6つだけ歳を取ったけれど、笑顔は昔と変わらない。明延はこれからも「一円電車」を中心にして、少しずつ変わってゆくだろう。深い山のなかで、新しい動きが始まっている。

第31話

甦れ！蒸気機関車
～琵琶湖のほとりで静態保存機の復活をめざす人たち～

滋賀県犬上郡多賀町に静態保存されているD51 1149。地域のシンボルとすべく、復活の道が探られている

●地域活性化のためにSLの復活を

　ブログに実装されているメール機能経由で、滋賀県在住の方から、地域の活性化に関する相談が届いたのは、2016（平成28）年8月のことだった。メールに返信をし、改めてお話を聞くと、滋賀県の多賀で地域の活性化に取り組んでいるのだという。かつては人で溢れていた多賀大社の参道は、今はすっかり人影が少なくなり、地元の者どうしの交流も希薄になっている。そこでこの地に保存されている蒸気機関車を動かし、地域の活性化を図りたいのだという。

　地域の活性化は、いまの日本が抱えている課題だろう。掲げきれないほどの課題が山積し、地方は疲弊が激しい。けれども、たとえ1人、2人がどんなに頑張ってみても、その力は知れている。誰もが自分のことで精一杯といって、新しいことには取り組まない。そんな無力感に包まれているのだと思う。

　蒸気機関車を使っての地域活性化は素晴ら

D51 1149が保存されている場所には、かつて旧・「多賀SLパーク」で「SLホテル」が運営されていた
2016.8.11（2点とも）

しい。けれども、それを実現するのには、大変な費用と手間がかかる。失礼ながら「どこまで本気で続けられるのか」が心配になった。そこでさらに話を聞くと、プロジェクトはもう始められていて、8月11日にはその第1回のイベントとして、静態保存されている機関車の前で、シンポジウムが開かれるのだという。そこでこちらから当日のイベントに参加させて頂くことをお願いした。まずは皆でプロジェクトの方向性を確認し、全体像を共有しなければならない。夢を夢で終わらせないために。

● 次の目標をめざして

当日のシンポジウムには多くの人が集まった。私は飛び入り参加であるから、なんの役に立っているというわけでもなく、これだけの集客は、イベントを計画された方々の地道な告知のお陰である。若い人から、私よりも年上の人生のベテランが集い、皆鉄道に興味はあるけれど、マニアというわけではない。ただ、地域のあるべき未来の姿を見出したいという気持ちを抱いているに違いない。だからこそ、こうして暑いなかを会場まで来てくれたのだ。

会場となった広場に保存されているのは、D51形の1149号機で、1944（昭和19）年8月の新製配置は水戸機関区。北海道で長く活躍し、1976（昭和51）年3月1日付で廃車となった。最終配置は岩見沢第一機関区。国鉄蒸機の最晩年まで働き続けていた機関車のなかの1両ということになる。1976年12月からは、この地で「SLホテル」としての営業が開始

多賀大社の玄関口となっている近江鉄道多賀大社前駅。風格の感じられる構えだ

「お多賀さん」の名で親しまれる多賀大社。滋賀県随一の神社。境内のいくつもの建物が重要文化財に指定されている

され、スハネ16 2082＋スハネ16 2606＋スハネ16 2619の3両の寝台車が客室として使用されたが、その後、ホテルは廃業となり客車は解体。機関車(ナンバープレートはD51 999を掲出)は解体を免れたものの、保存状態は良好とはいえず、現在に至っている。

シンポジウムの会場では地元在住のファンで、郷土史研究家である方の基調講演があり、飛び入り参加した私が聞き手を務めてのトークショーとなった。暑い日射しをテントで遮った下で、会場に来ている誰もが、真剣に話に聞き入ってくれている。トークショーの難

近江鉄道高宮駅の夏の昼下がり。そこには地方私鉄ならではのまったりとした時間が横たわっていた

しさは、なるべく笑えるような、楽しい話題にしながらも、本分を外してはいけないところにあるように思う。なんとか大役を終え、記念撮影。何人もの方と名刺交換ができた。

このシンポジウムを企画し、私にメールを送ってくれた皆さんとも色々な話をすることができた。理想像はどこにあるのか。それが仮に実現できないとしたら、なにをめざすべきなのか。次にしなければならないことは何なのか……。

蒸気機関車の動態保存は難しい。けれども皆がそれを目的として、自分たちに何ができるのかを考えている。いまは道のりのさなかにあるけれど、歩くべき自分たちの道があるということは何にもまして幸せなことである気がする。帰り道は、近江鉄道の多賀大社前駅まで送って頂き、私鉄電車を乗り継いで米原へと向かう。地方私鉄ならではの小さな駅で、やって来る電車を待つのは楽しいものだ。なんだか、遅い夏休みが来たようでもある。また、この町に来たい。蒸気機関車によって、活気づいた町の姿を見てみたい。

D51復活へのシンポジウムには、多くの人が集まった 2016.8.11（4点とも）

あとがき

天竜浜名湖鉄道の天竜二俣駅に保存されている「浴場」。蒸機運転の時代には不可欠だった施設。古びたタイルに年月が染みこんでいる 2011.9.14

　最近およそ10年の間の、おもに取材旅行での体験秘話を1冊にまとめることができました。

　それぞれの旅行の目的はまちまちでしたが、その多くが雑誌の取材のためのもので、北海道から九州まで毎月のようにどこかに行くことができたのは、本当に幸せなことです。

　取材旅行では、多くの場合、現地でその土地で働いている人に会って、お話を伺うことになります。旅を続けているなかでいちばん強く感じさせられたことは、鉄道遺産の保存であれ、列車の運転であれ、あるいは駅弁や食堂車の料理を作ることであれ、そこには必ず誰か人がいて、頑張っている。だからこそ、鉄道遺産が朽ち果てることなく姿を留め、列車が定刻で動き、美味しい駅弁が食べられるのです。そのことを真に学ばせて頂いたのが、この10年であったともいえるわけです。

　本書ではそのような旅のなかから、テーマを決めていくつかの思い出を選び出しました。先に記した思いを抱きながら書きはじめた本でしたから、現地でお会いした人の言葉も紹介させて頂きました。いろいろな方々のなにげないひと言には、さまざまな思いや、真実が詰まっているものですが、月刊誌の取材記事では、そのような言葉を紹介するスペースが足りないということもあります。本書によって少しだけでも、その時にこぼれてしまった人の思いを伝えておきたいというのが、このような文章を書いた私の本音です。

　本当は、まだほかにもたくさんの旅があって、そこで出会った人がたくさんいるのですが、とても1冊に収めることはできませんで

　した。そのことを私が忘れないようにして、またいつの日か、それぞれのことを紹介していかなければならないと思います。鉄道をもっと素晴らしいものと思えるために……。

　最後になりましたが、本書の発行にあたっては、交通新聞社のNさん、Oさんのおふた方に大変にお世話になりました。いつものように執筆は時に停滞したのですが、そのような時に行く先を示してくれたのがおふた方で、

本作りという仕事は本当に二人三脚といいますか、今回の場合は三人四脚といいますか、そういうものなのだなと改めて感じた次第です。停滞から抜け出した時の気分は、暗闇で遠方信号機を見つけた時の気分と似ているのかもしれません。

　それでは、信号に導かれて、次の目的地に向かうことにしましょう。

2016年11月　池口英司

[著者プロフィール]

池口英司：1956 年、東京生まれ。交通系ライター、ブロガー、カメラマン。日本大学藝術学部写真学科卒業後、出版社勤務を経て独立。おもな著書に『まるわかり鉄道用語の基礎知識850』（イカロス出版）、『鉄道時計ものがたり―いつの時代も鉄道員の"相棒"』（交通新聞社新書）、『忘れじの温泉電車』（DJ鉄ぶらブックス）ほか雑誌への寄稿は多数。

編集協力：持田昭俊
　　　　　菅原光生

DJ鉄ぶらブックス 018

鉄道ルポルタージュ秘録

2016 年 12 月 23 日　初版発行

著　　者：池口英司
発 行 人：江頭　誠
発 行 所：株式会社交通新聞社
　　　　　〒101-0062
　　　　　東京都千代田区神田駿河台 2-3-11
　　　　　NBF御茶ノ水ビル
　　　　　☎ 03-6831-6561（編集部）
　　　　　☎ 03-6831-6622（販売部）

本文DTP：パシフィック・ウイステリア
印刷・製本：大日本印刷株式会社
　　　　　（定価はカバーに表示してあります）

©Eiji Ikeguchi 2016
ISBN978-4-330-75116-0

落丁・乱丁本はお取り替えいたします。
ご購入書店名を明記のうえ、
小社販売部宛てに直接お送りください。
送料は小社で負担いたします。